罗树庚 / 著

大夏书系·教师专业发展

迷恋专业成长

让教育充满智慧

U0330252

华东师范大学出版社

全国百佳图书出版单位

ECNUP

·上海·

图书在版编目（CIP）数据

迷恋专业成长：让教育充满智慧/罗树庚著.—上海：华东师范大学
出版社，2022

ISBN 978-7-5760-3346-5

Ⅰ.①迷… Ⅱ.①罗… Ⅲ.①师资培养—研究 Ⅳ.① G451.2

中国版本图书馆 CIP 数据核字（2022）第 195473 号

大夏书系·教师专业发展

迷恋专业成长：让教育充满智慧

著　　者	罗树庚
策划编辑	卢风保
责任编辑	薛菲菲　张思扬
责任校对	杨　坤
装帧设计	奇文云海·设计顾问

出版发行　华东师范大学出版社
社　　址　上海市中山北路 3663 号　邮编　200062
网　　址　www.ecnupress.com.cn
电　　话　021-60821666　行政传真　021-62572105
客服电话　021-62865537
邮购电话　021-62869887　地址　上海市中山北路 3663 号华东师范大学校内先锋路口
网　　店　http://hdsdcbs.tmall.com

印 刷 者　北京密兴印刷有限公司
开　　本　700×1000　16 开
印　　张　13.5
字　　数　193 千字
版　　次　2022 年 12 月第一版
印　　次　2022 年 12 月第一次
印　　数　6 100
书　　号　ISBN 978-7-5760-3346-5
定　　价　52.00 元

出 版 人　王　焰

（如发现本版图书有印订质量问题，请寄回本社市场部调换或电话 021-62865537 联系）

目　录

第二辑　研究出智慧

第三辑　反思出智慧

第四辑　管理出智慧

第五辑　磨砺出智慧

附　录

后　记 / 197

序 一

············

看见前方的智慧之光

安东尼·特罗洛普是 19 世纪英国最受欢迎和最高产的作家之一，他有一个习惯：早餐前，严格执行每天写一定字数的计划。他的家人在每天早上五点半左右会递给他一杯咖啡，而他，则设置好一个时钟，规定每 15 分钟至少写 250 字。

他在自传中写道："这让我每天能写出十多页的普通小说，如果坚持写十个月，一年就能写出三部三卷的小说。"

惊人的创作力，源于早餐之前坚持的一个习惯。

2013 年，德国社会学家约翰内斯·施密特在做了大量研究后发现——长期坚持写作非常有助于研究工作。施密特的研究对象是同为社会学家的尼克拉斯·卢曼。他是德国杰出的社会学者，发展了社会系统论，留下《社会的社会》《社会的艺术》《社会的法律》三部社会学巨著。而卢曼的写作习惯很特别——卡片式随笔摘录。

惊人的学术建设力源于卢曼坚持以卡片的形式做好摘记，写下随笔，伴随着文字思考。这是一个系统不断完善的需要。

在我所熟悉的名师中，罗树庚和前文介绍的两位学者有着太多相似之处，让我敬佩。

这本《迷恋专业成长：让教育充满智慧》，就是认识罗树庚，感受他教学智慧的最佳端口。文字，让读者能从日常备课、听课、评课的坚守与创新，从对教育专题研究的笃定与智慧，从对教学言行的观察与反思，从学校管理的细节与理念中，发现罗树庚的学术品格与为人风格。正如他在自序《让教育充满智慧》中使用的关键词"智慧"一样，特级教师罗树庚是充满教育智慧的学者。

阅读这本书，教师可以在文字中与罗树庚对话，探寻他的教育沉思之源。而我，则在书中窥见了罗树庚独具魅力的智慧之光，如炬彻亮，照亮我未曾抵达的前方。

本书由罗树庚的日常随笔、教育评论、教学反思构成。可见，在他的研究和积累中，"写作"是随着灵动的教育现场与思考进行的。在这样"不确定"的任务中，罗树庚理性地将其累计，以不同的区域进行分解，形成内部关联的任务组块。这无疑是一种教师研修的示范，因为这样的写作路径，极有利于教师将思考的结果固定下来，也有利于在固定之后，结合文字作进一步的整理与探究，进而发现不同组块之间存在的联系。

教育事件的关联中，存在着一线教师需要的智慧引导。

阅读全书后，读者的思路也将变得清晰。因为伴随着不同的记录结果，罗树庚将教育表象之下存在的联系凸显出来，让读者随时可以在不同的章节切入，卷入文字描绘的教育现场，和罗树庚一同继续思考——直至思考生长为长久的教育记忆，直至记忆深植在心，成为共同的教育情怀。

这就是预期中读者阅读这本书后将获得的效益，也是一本书能带给读者最浪漫的结局。

要知道，每一位读者在文字中的每一次"提取"，都与罗树庚辛劳的"存储"有关。读者提取越发丰盈的同时，也越发需要感念作者存储时的艰辛。心理学研究发现，一个人知识的存储与提取呈负相关关系。也就是说，知识提取方便，源于存入的吃力。当然，如今提取的是读者，而存储的是罗树庚。即便如此，当我们在这本一线教师能读、爱读的书中获取智慧的同时，应然感谢作者罗树庚为此付出的努力。

眼前，我清楚地看到一个个教学观摩现场，一次次教学研讨会议，一页页记载着思想亮片的笔记……罗树庚是串联起每一个画面的核心人物。

想必，罗树庚在完成《迷恋专业成长：让教育充满智慧》的同时，内心会更加充盈。

在每一篇文章写作的同时，罗树庚将自己感知、记忆、学习、思考的结果陈列出来。他不停留于此，而是让思想继续伴随文字，再次对自我进行检阅，对自己当前的认知进行监控，和读者分享"我感知到了什么""我发现了什么""我正在学习些什么""我在思考着什么"，这就使得文字不单薄，充满了理性之光。罗树庚在梳理文字的过程中，再一次改良了自我的知识系统，升级了自我对教育的悠远哲思。

惶恐的是我。

受托写序，何德何能？权且将阅读这本《迷恋专业成长：让教育充满智慧》时内心的感受和读者共享。

我能预测到，作为读者，在即将翻阅此书时的满心期盼；我也料定，在掩卷后，将和所有的读者，和罗树庚，拥有同样的幸福感。

闽江师范高等专科学校教师、作家，
福建教育学院语文课程与教学研究所研究员
首届"全国十大青年名师"，首届"具有重大影响的卓越写作教学名师"
何　捷
2022 年 3 月 3 日于闽江之畔

序 二

....

让教育充满智慧

生活中，有趣的人和有智慧的人会让我们特别佩服。一次，外国记者不怀好意地问周恩来总理："在你们中国，明明是人走的路为什么却要叫'马路'呢？"周总理不假思索地答道："我们走的是马克思主义道路，简称马路。"周恩来总理敏捷的才思、智慧的应对，赢得大家啧啧称赞。陶行知"四块糖果"的故事，但凡做老师的没有不知道的。"四块糖果"的故事已然成为春风化雨、教育智慧的经典案例。

做有智慧的教师，让教育充满智慧，可以说是一个永恒的话题，也是古今中外所有为师者毕生的追求。从孔子、苏格拉底到每一名普通教师，在追求教育真谛的路上，大家一直都在苦苦探寻如何让教育充满智慧。成尚荣老师曾经说过，教师有"智慧"教师，也有"愚蠢"教师，当然，更多的教师还处在向"智慧"教师努力迈进的过程中。"智慧"教师可以让儿童有一个幸福的童年，而且会为其持续发展、未来幸福打下良好的基础；反之，"愚蠢"教师有可能在无意之中给学生的童年留下"伤口"。

我国台湾地区的著名女作家三毛，上小学的时候，其他学科都很好，唯独数学不太好。她敏感地察觉到数学老师对她的冷淡，她说："数学老师的眼睛像飞刀一样，对我充满杀气。"后来，她发现数学测试的题目都是书后的习题，于是她就将题目背了下来。她的记性很好，就这样，她连续得了好几次100分，她满以为这样，老师就会喜欢她。糟糕的是，她的"小伎俩"很快就被"聪明"的老师看穿了，而且还当着全班同学的面戳穿了她的"小伎俩"，甚至用墨汁在她眼睛周围画了两个大圆圈，作为对她的惩罚。这件事之后，三毛出现了严重的心理障碍。有人认为学习数学的这段紧张的经历和痛苦的体验对于三毛而言具有弗洛伊德所说的"童年经验"的性质，直接影响了她成年后的精神发育和发展状况。尽管她一生走过40多个国家，写了20多部作品，但最终仍未能走出心灵的阴霾。

著名女作家席慕蓉和三毛一样，上学时数学成绩也很糟糕。她的数学总是不及格，为此，老师想了很多办法帮她"过关"，甚至将要考试的数学题抄在黑板上，让班上会做的孩子把答案也写在上面，暗示席慕蓉背下来。于不动声色中"放她一马"，让她有条件在更适合自己的领域里振翅高飞。在席慕蓉的回忆中，数学老师关切的微笑和怜爱的眼神，一并成为她生命中最温馨美好的记忆。

很显然，三毛的小学数学老师以为自己"聪明"，实则"愚蠢"至极；而席慕蓉的小学数学老师则要"智慧"得多。

什么是好的教育？让学生感觉不到你在教育他，这时候发生的教育就是智慧的。1999年10月，联合国教科文组织在日本东京组织了一次国际中小学教师、学生联欢活动，共有20个国家和地区的410位教师、学生参加，其中教师208人，学生202人。联欢活动历时6天，先后开展了五项活动，其中有一项活动是评选最受欢迎的教育方式。活动组织者设计了一个问题，要求所有教师都做简单回答，这个问题是：大杰克和小杰克是孪生兄弟，14岁，正在学校读书。他们家离学校比较远，家长给他们配了一辆轻型汽车作为交通工具，让他们开车上学、回家。兄弟俩由于晚上贪玩，好睡懒觉，经常迟到，虽然多次被批评，还是我行我素。有一天上午考试，尽管老师事先警告他们不许迟到，但他们因在路上玩耍，还是迟到了30分钟。老师查问原因，他们谎称汽车在路上爆胎，到修车店补胎误了时间。老师半信半疑，让他们进教室参加考试，然后悄悄到车库检查他们的汽车，发现四个轮胎都蒙着厚厚的灰尘，没有被拆卸的痕迹。很明显，补胎是他们编出来的谎话。假设你是杰克兄弟俩的老师，你将怎么处理？208位教师认真思考，积极作答。活动组织者经过认真分析整理，从208份答卷中选出25种处理方式。其中主要的方式如下：

中国教师：一是当面进行严肃批评，责令写出检讨；二是取消他们参加当年各种先进评比的资格；三是报告家长。

美国教师：幽默一把——对兄弟俩说："假设今天上午不是考试而是吃冰淇淋和热狗，你们的车就不会在路上爆胎。"

日本教师：把兄弟俩分开询问，对坦白者给予赞扬奖励，对坚持谎言者严厉处罚。

英国教师：小事一件，置之不理。

新加坡教师：让他们自己打自己的嘴巴10下。

埃及教师：让他们给真主写信，向真主叙述事情的真相。

巴西教师：半年内不准他们在学校踢足球。

以色列教师：设计三个问题，让兄弟俩分别在两个地方同时作答。三个问题是：1.你们的汽车爆的是哪个胎？2.你们是在哪个维修店补胎的？3.你们付了多少补胎费？

之后，活动组织者把25种处理方式翻译成几种语言文字，分送给参加活动的202名学生，请学生们评选出自己最喜欢的处理方式。结果，91%的学生选择了以色列的处理方式。

以色列的处理方式为什么受欢迎？因为它的批评教育带有游戏性质，学生不怕、不难堪。

我之所以详细赘述这个典型案例，就是想说明好的教育一定是充满智慧的，好的教育目的是隐蔽的，方法是间接的，触动是直抵内心的。教育家约翰·洛克说："教育儿童的主要技巧是把儿童应做的事变成一种游戏。"好的教育，应该是在游戏之中的教育。而设计让孩子们乐此不疲的游戏是需要智慧的。"寓教于乐"是教育智慧的最好注解。

让教育充满智慧，需要教师有一颗宽容、包容之心。如果把教育智慧看作是教师外显的一种能力，那么支撑这个能力的内核一定是仁爱、情怀、悲悯、宽容。学校是什么地方？学校是允许学生犯错误的地方。学习是什么？学习是一个可以不断试错与纠错的过程。教育是什么？教育就是一个不完美的人，领着一群更不完美的人，去追求完美的一次旅程。

我在《青年文摘》中读到一篇文章——《我举报了班主任》，讲述了一位叛逆期少年与一位极其负责任的班主任李光明老师的故事。故事里少年把老师对自己的负责看作是老师和自己"作对""过不去"。少年有先天性流鼻血的症状，一次李老师对其教育过程中，他鼻血直冒，为了报复老师，少年借机冲到校长办公室，状告是被老师打成这样的。他精彩的表演加上满脸是血的模样，让老师蒙受了不白之冤，并受到大处分。面对这样一个全校老师都讨厌、让自己蒙羞的孩子，李老师竟然还时常关心他流鼻血的毛病。一次，少年因去网吧导致上学迟到，谎称是路上堵车，又谎称没钱吃早饭，李老师便陪着少年去吃早饭。李老师不抱怨、不怨恨的做法，让他幡然醒悟，痛改前非。后来，这位少年奋发努力考上了大学，时常回校看望李老师。少年说："感谢在我最叛逆的年纪遇见了一个这么好的老师。"

这位李光明老师就是具有高超教育智慧的好老师。他用极大的宽容救赎了一个叛逆少年，让我们看到一个最完美的教育结局。试想，如果李老师"针尖对麦芒"，采取"你不仁我不义"的教育方式，结果一定是你我都不愿意看到的那种。

据说，在印度流传着这么一个寓言故事：一个和尚路过一条水沟，看见一只蝎子掉进沟里爬不上来，和尚就弯下腰去捞蝎子。可是，和尚每捞一次，蝎子就蜇他一次，路过的人都嘲笑和尚：这么傻，蝎子蜇你，你为什么还要救它？和尚说："蝎子蜇我是它的本性，我救它是我的善心，我不能因为它的本性，就放弃我救它的善心，如果那样，我的善心就是假的了！"

选取上面两个故事来说明教师的包容、宽容之心，我的目的是"跳出智慧谈智慧"。智慧一定是以某些品格为依托，没有这些品格，智慧就像无源之水、无本之木。

让教育充满智慧，需要我们牢记多元智能理论。相信只有差异，没有绝对的差生；相信每个学生都有一种或数种优势智能，只要教育得法，每个学生都能成为某方面的人才，都有可能获得某方面的专长。用平等的学生观看待每一个学生，用因材施教的教学观去唤醒每一个学生的潜能、长处，扬长避短。让教育充满智慧，需要我们用发展的眼光去看待每一个学生。儿童的别名叫未来，教师的别名叫创造，学校的别名叫远方，教育的别名叫美好。陶行知说："你的教鞭下有瓦特，你的冷眼里有牛顿，你的讥笑里有爱迪生。"特级教师朱永春说："学生是什么？在有远见的老师眼中，他们是提前 10 年与你认识的演艺明星，他们是提前 20 年与你认识的博士生导师，他们是提前 30 年与你认识的商界巨子，他们是提前 40 年与你认识的国家领袖。"

让教育充满智慧，智慧在于隐藏自己。课堂上，在教育教学活动中，教师要善于隐藏自己，退到学生后面。教师是相声里的捧哏，是电影里的导演，要始终牢记主角是学生。课堂教学的原点是学生学得怎么样，不是教师教得怎么样。学生的成长是"1"，教师的才艺、课件、普通话、激情都是"1"后面的"0"。没有学生成长的"1"，再多的"0"都是没有意义的。善于隐藏自己，就是要有"俏也不争春，只把春来报"的智慧。

让教育充满智慧，智慧在于超越名利。在布满荆棘的教育路上，走久了，很容易忘记初心；在教育丛林里探寻，走深了，很容易迷失方向。有些老师把奋斗的目标、从教的最高追求定位在当名师、当特级、评正高级教师上，功利心强，成名成家欲望强烈，教育的初心使命不纯粹。教育的智慧首先要超越名利，让我们的目光越过"成名成家"这片丛林，聚焦在做一名"好老师"上。什么是好老师？在习近平总书记看来，就是要有理想信念、有道德情操、有扎实学识、有仁爱之心。用最朴素、通俗的话来说，就是家长满意、学生喜欢。老师应把目光聚焦在探寻教育规律、追求教育真谛、揭示教育本质上。倘若我们能在教育这条布满荆棘的道路上，向前掘进一点点，找到极其微小的一个规律性的东西，我们对世界、对教育的贡献都是举足轻重的。这才是教育智慧的最高所在。

让教育充满智慧，智慧在于大智若愚。老师之所以难当、难做，因为知识是一个无底洞，学生是一个个鲜活的生命个体，教育是拨动心弦的艺术。我们可以把"祝融号"送上火星，但不一定能走进站在对面的学生的心灵。让教育充满智慧，要有肯下笨功夫的恒久心，要有不走捷径的意志力。智慧在于不智慧，成事之人常以"柔弱"自处。大智若愚、大巧若拙，面对学生，要善于"示弱""示错""迂回"，要有"钝感"，要有"引而不发"的泰然。

让教育充满智慧，智慧又从何而来？智慧从学习中来，从教育实践中来，从学生中来，从反思中来，从凝练中来。教育的智慧离不开学生、学校与每日的教育实践。

罗树庚

教学出智慧

华应龙是全国著名特级教师，在教育界是一位赫赫有名的小学数学教师。在他的众多经典课例中，有一节《师徒年龄问题》的数学课特别耐人寻味。整节课围绕下面这道题展开——"徒弟：师父，您多大了？师父：我在你这年纪时，你才5岁；但你到我这年纪时，我就71岁了！请问：徒弟几岁？师父几岁？"华老师让学生采用"投石问路"的方法，自行探究解决，他做的最多的就是两个字——"等待"。孩子们在他的等待中，几乎都发出了恍然大悟的"哦！"华老师的等待，让我看到了教学的智慧，为师的智慧。

爱因斯坦说："我不教学生，我只是为他们提供可以学习的环境。"浙江省教育厅教研室副主任张丰老师说："老师在课堂上最重要的任务不是讲课，而是组织学生学习。"教学的智慧藏在等待中，教学的智慧藏在成全中，教学的智慧藏在"功成不必在我"的境界中。

课比天大

课堂对于教师而言，犹如战士坚守的阵地，犹如边防官兵守护的疆土界碑，犹如医生坚守的手术台。一名新入职的教师要想在教育系统站稳脚跟，必须经受得住课堂教学的考验。一名优秀的教师要想成名成家，必须经历课堂教学的摸爬滚打，才能行稳致远，否则是很难长久扬名立万的。

把课上好，对一名教师而言，其重要性怎么形容都不为过。这就好比当农民的要把田地种好，当足球运动员的要把球踢好，当歌唱家的要把歌唱好。教师基本功重不重要？当然重要。会搞研究、会写文章重不重要？当然也重要。但这些与上课相比，都可以排在后面。一句话，"课比天大！"

要把课上好，首先得把课备好。备课要通览教材，要认真解读文本，要充分考虑学生情况等，这些常规的要求以及关于备课的重要性、方式方法等相关论著很多，我就不一一赘述了。我在这里选取两位优秀典型，给大家一些启发。全国著名特级教师王崧舟，可以说在小学语文界是一位无人不知的大咖。他每备一节课，可以说到了皓首穷经的地步，为了讲好纳兰性德的《长相思》这首词，他几乎读遍了纳兰性德的所有作品，查阅了所有能查阅的资料来了解纳兰性德，翻遍了所有名家对纳兰性德作品的解读。为了备《长相思》这节课，王老师茶不思饭不想，连做梦都在思考怎么上这节课。后来，灵感如泉涌喷薄而出，他喜出望外，最后连完整的教案都没来得及写，就走进课堂去上课了。然而，执教这一课的时候，课堂竟然呈现出一种神奇的状态：教学环节仿佛事先商定好一样，一环接着一环，流畅而富有诗意地伸展着、起伏着。《长相思》一课成了王崧舟老师诗意语文的巅峰之作。用王崧舟老师自己的话说："我为了《长相思》忘情地、疯狂地、全神贯注地投入备课，不断地想，不断地思考，一次又一次在头脑中模拟课堂现场，那些开始只出现在梦境里的东西逐渐清晰，最后梦境与现实的界限消失，得到了神灵的帮助。"

王崧舟老师采用的备课方法，就是参阅一切能参阅的资料，最后在万千浩渺中神龙出水，理出属于自己的一个理想的教学设计。这是一种归纳式的备课方法。绝大多数老师都比较喜欢采用这种备课方法。

我再介绍一种完全不同的备课方法。全国著名特级教师贲友林，是小学数学界一位赫赫有名的正高级教师。备课时，他先研读教材，自己把教案写好。等写好教案后，再去翻看教学参考用书、他人的优秀教学设计，然后，对自己的教案做一些修改、微调。贲老师这种备课方式是一种求证式的。他在不参阅任何资料的前提下，独立备课，然后再去看别人的理解、设计，在比照中，吸纳他人的优点。严格来说，贲老师的这种备课方式对一名教师更具挑战性。采用这种方式备课，教师的成长速度会更快。

有些老师教了几十年书，教学水平还很一般，课上得也很一般，很大的原因是备课这个环节出了问题。信息时代，资讯极其发达，如果要偷个懒，上网简单搜索一下就能找到自己想要的教案、课件，稍微改动一下，稍微熟悉一下，就能使用，就可以去上课了。这样的备课，想上出好课是不可能的；想成为一位名师、学生喜欢的好老师也是不可能的。还有些老师，往往第一轮执教时，备课非常认真。但当第二轮回过来再教这些内容时，就有"偷懒"的心态，备课采用抄自己过去教案的方式。这类老师比前面那种"拿来主义"的老师要好一些，但也有问题，他们属于把自己从教一轮、一年的经验反复几轮、几年。把原本属于脑力劳动的备课变成纯体力劳动的

"抄教案"，能成长与进步多少也是可想而知的。

　　贾友林老师为什么能成为全国赫赫有名的特级教师？他有一个成功秘诀，那就是备课时"与自己同课异构"。他说，同一个内容第二次执教时，他不会去看自己过去备的教案，而是重新备课，等备好之后，再去和自己第一次备的教案对照。著名数学家苏步青说："如果你用一分力量备课，两分力量上课，你就要用三分力量批改作业。反之，如果你用三分力量备课，两分力量上课，你就可以只用一分力量批改作业。"备课对于上好课的意义，对于一名教师专业成长的意义，我想借用亚历山德罗·达维尼亚的一句话来说明："种子只有接受地底下的黑暗才能长成树林。"地底下的黑暗，就是教师备课时要忍受的磨砺，头顶上的蓝天与太阳，就是认真备课之后出彩的课堂。要上好课，必须先备好课。对一名教师而言，备课就是最伟大的写作。倘若我们从教几十年、一辈子，能认真备好每一节课，这些教案就是一名教师的最伟大的著作。和这部著作相比，那些发表的文章、获奖的课题研究报告最多只能算是锦上添花罢了！

　　要上好课，还有许多办法，比如先模仿名师、特级教师的课，反复观摩优秀老师的课或者观看名特优教师的录像课，请专家、身边的老师帮自己听课评课，多倾听学生的真实感受、意见建议等。这些方法都有助于教师不断提升自己的执教水平，让自己的课上得越来越好。这些我也不想过多赘述。今天我想提供一些更有效地促进自我成长的方式。

　　听自己上课，就是一种提升上课水平的有效策略。当今社会，科技如此发达，每次上课，我们可以带一支录音笔进课堂，把上课过程录下来；我们可以找个支架，用手机把自己的课录下来；我们可以开启教室里的一体机，用录制软件把自己的课录下来。利用空余时间，再来回听、回看自己的课。这个时候，你就会发现自己有许多需要改进的地方，比如说话啰唆、有口头禅，比如表达不清楚，造成学生没有明白意图，比如没有及时抓住学生发言中的闪光点，错失时机，等等。每节课都回听、回看，没有那么多时间，怎么办？我们可以一个星期录制一次。如果一个星期录制一次还做不到，我们可以一个月录制一次。试想，一位教师如果能坚持三到五年这样听自己的课，是不可能上不好课的。从教 30 多年，我至今感到害怕的，是回听自己的课堂录音，回看自己的课堂录像，因为每次回听、回看，都能发现许多问题。

要让回听、回看更有效，要让这个内省的过程产生更多的顿悟，我建议要一边回听、回看，一边做自己的课堂实录。40 分钟的一节课，不借助语音转文字等软件，老老实实听一句，记录一句。听自己的课，做自己的课堂实录，对一名教师成长的促进作用是非常巨大的，对提高自己的教学水平也是极其有帮助的。

2016 年 5 月，在全国科技创新大会上，习近平总书记说："广大科技工作者要把论文写在祖国的大地上，把科技成果应用在实现现代化的伟大事业中。"借用习近平总书记的话，我想说，广大教师要把论文著作写在备课本上，要把研究放在课堂上，要把研究成果聚焦在上好每一节家常课上，体现在学生的作业本上，学习成果上。

要上好课，还需要因材施教。教多个平行班，班级与班级之间有差异，怎么办？我们要根据班级之间的差异，及时调整教学设计。如何让同一个班级不同水平的学生在课堂上均获得提升？我们要善于课内分层，因人而异，因材施教。这些都是上好课所必须考虑的。

一句话，"课比天大！"上好课比什么都重要。

苦练基本功

....

三百六十行，行行出状元。干任何一个职业，都离不开扎实的基本功。说相声，要苦练说学逗唱。别的不说，光"说"里的绕口令，就得练上很长一段时间，而且要"拳不离手，曲不离口"地反复操练。练武术，先要练习扎马步、跑步、倒立、俯卧撑等基本功；练歌唱，先要练习发声、控制气息，练习如何让声音立起来等。有一位女高音歌唱家在接受采访时说，为了练好兰花指，她整整花了七年时间。

基本功扎实的人，往往都能成为行业的翘楚。中国科学院院士、中国肝胆外科之父吴孟超，手中一把刀，游刃病人肝胆间，他高超、精准的刀法，就是一名外科医生最了不起的基本功。东京奥运会上，14岁的中国小将全红婵在女子10米跳台跳水决赛中，五跳三满分，技压全场，惊艳世界。她让"水花消失术"成了2021年全世界都津津乐道的一个话题。《吉尼斯中国之夜》《中国达人秀》《挑战不可能》等许多电视节目中，常常会看到一些让我们惊叹不已的选手，如银行女职员，由于长期点钞，竟然能够做到用耳朵听声音识钱数。

教师被誉为人类灵魂的工程师，要说需要掌握的基本功，实在是太多太多了。20世纪八九十年代，教师的基本功为"三笔一话（画）"，即粉笔字、钢笔字、毛笔字和普通话（简笔画）。我在1987年初中毕业后上的中等师范学校。因为小学、初中都是在农村里念的书，到了师范学校才开始接触"三笔一话（画）"。让我感到十分神奇的是，三年中师念下来，我竟然像变了个人似的，原本蹩脚的普通话，竟然也字正腔圆了；原本蹩脚的三笔字，竟然也有模有样了；原本一点儿都不会的简笔画，竟然也会一点儿皮毛了。我真的非常感谢中师三年的教育，让我从一个内向、拘谨的农村娃蜕变成一个能落落大方站上讲台的小学老师。狠抓基本功，三年让每一名中师生实现翻天覆地的变化，这是当时中师教育的底线，也是我们那一代人共同的感受。后来，随着科技的发展，信息技术、多媒体在教学中的普遍运用，教师基本功由原来的老三项变成了"三笔一话（画）一技"四项。但令人费解的是，现在进入教育系统的年轻大学生，学历比过去高多了，但基本功却不进反退。大家都有一个普遍感受，现在的年轻教师基本功还不如20世纪八九十年代毕业的中师生。

这几年，我有幸经常为即将走上工作岗位的新教师做入职培训，有幸走进大学，为教师教育学院的大一新生作报告。每次和年轻人分享，我都不忘提醒大家一定要苦练基本功。教师是与人打交道的职业，谈吐就是一项需要练好的基本功，不仅要发音标准，而且要有感染力，要简洁明了。教师的职业性质决定了我们琴棋书画、说弹唱跳多少都要会一点儿。我们的普通话不一定要像播音员那样标准，但至少要字正腔圆；我们的字不一定要有书法家那样高深的造诣，但至少要像一名老师所写的；我们的歌喉不一定要有歌唱家那样优美动听，但至少一开嗓就能让学生感到惊叹。

如果你是一名小学语文老师，与你相关的基本功有哪些呢？我数了一下，至少有这些：朗诵、演讲、书法、绘画等。著名教育家于永正老师是小语界无人不知的一位老前辈，他给学生示范朗读课文，学生只要听上一遍，就能懂个"八九不离十"；他写的黑板字，个个都像是课文后面印在田字格里的标准楷书。我曾在某微信平台上看到一篇关于全国著名特级教师虞大明的专访。虞校长说，为了将课文读出感情，他经常早到校，晚下班，专挑校园里空无一人时，把自己关在教室里大声地读个痛快。这是他每次上新课前的必修课。为了把课文读出感情，他迷上了配乐朗读，短短五六分钟的课文，他要"折腾"三四个小时。他说，有时听完自己的配乐朗诵，竟情不自禁地落泪了。每次听虞大明校长上课，我常常对他富有磁性的嗓音以及拿捏精准的朗读处理佩服不已。现在我才知道，他之所以有今天这样的功力，原来是多年以来一直苦练配音、朗诵的结果。

如果你是一名小学数学老师，我想，把阿拉伯数字写得像印刷体，徒手画圆、画三角形就是最起码的基本功。另外，对物体大小多少的估测，对物体长短的目测等是数学老师应有的学科素质。倘若一名数学老师朗诵水平比语文老师还好，书法水平比书法老师还厉害，歌唱水平比音乐老师还了得，当然是最最好的。

如果你是一名体育老师，我想，不管是跑跳投掷，还是篮球足球乒乓球，都应该是一所学校里数一数二的。

苦练基本功，不仅是尚未入职的未来人民教师和刚入职的青年教师的事儿，也是每一名教师每天必做的功课。不管你做了多少年教师，基本功练习一天都不能荒废。我曾经有幸得到于永正老师的教诲：有一次，他到宁波来上公开课，我们到宾馆里去拜望他，没想到他正在房间里朗读明天要上的课文，书桌上放着他用宾馆便笺练写的板书。看到这一幕，我大为震惊。上课已经到了出神入化境界的于老师怎么上公开课前还要练习课文朗读、板书？于老师说，不能因为自己早已胸有成竹，就放松、马虎。教师的基本功就像运动员的竞技水平，一天都容不得放松。一天不练习自己知道，两天不练习对手知道，三天不练习观众都能看出来。

苦练基本功，还要用心。我们学校有一项"每日一课"——练写粉笔字。每位老师每天用小黑板写一首教导处指定的古诗词，然后把小黑板集中摆放在师生通行的走廊里。从 2013 年至今，已经坚持了 9 年。许多老师的粉笔字突飞猛进；但也有一部分老师，9 年来进步微乎其微。原因何在？不用心，把写粉笔字当作学校增加的额外负担。由此，我联想到苦练基本功要用心，要投入，要看长进。如果只练习不长进，无端浪费时间，也是不可取的。

　　术业有专攻。教师工作的性质决定了我们必须一专多能，必须是个多面手。倘若有一天，你一挥笔，就能让学生投来一道道敬佩的目光；你一开口，就能让学生一个个侧耳倾听；你一亮嗓子，就能赢得学生一片雷鸣般的掌声。我想，你作为一名老师的基本功一定像吴孟超院士那样令人景仰。亲爱的老师们，从没有白费的努力，也没有碰巧的成功。只要你认真、用心苦练基本功，终有一天，你的努力终将绚烂成花。

将教学设计改为学习设计

备课、上课、批改、辅导、检测，"教学五认真"对于教师而言，再熟悉不过了。上课前要备课，要写教案，这绝对是天经地义，没有人会提出异议的规定。多年以前，"要不要手写教案"这个问题还引发全国广大教育工作者持续争论了很久。翻看中小学教师的教案，无论什么学科，无论是地处长城内外的教师，还是身在大江南北的教师，似乎都有一种"似曾相识"的味道，教案上不外乎就是"教材分析、教学目标、教学重难点、课时安排、教学准备、教学流程"等。现在的老师是这么写教案的，十几二十年前，老师的老师也是这么写教案的。

几乎是千篇一律的"教案"，几乎是几十年一个面孔的"教案"，难道不需要进行改良、改革吗？难道存在就是合理吗？几十年来，为什么我们的课堂教学始终难以逃脱"教师讲学生听""教师问学生答"的窠臼？我们的课堂为什么始终无法实现让全体学生全程、尽情地投入学习活动？为什么课堂上始终存在一部分学生像看客似的状况？对这些习以为常的现象不断叩问，我突然意识到，传统的"教师讲学生听"课堂范式，会不会和几十年来"千人一面"的教案有关？

翻开教案本，"教学设计"这四个字是最常见的，甚至面向中小学教师的专业期刊中有一些刊物名称里就有这四个字。要彻底改变"教授式"的传统课堂，我们是不是应该从"教学五认真"的第一个环节"备课"入手进行改革，把"教案本"改为"学案本"，把"教学设计"改为"学习设计"？

为什么要提出这样的建议？因为"教学"对应的行为主体是教师。因此，在设计教学活动过程中，教师自觉或不自觉中就会凸显自己，忽略学生，教学设计自然而然就会偏重于教的设计。长期以来，作为施教者的老师，面对教学内容，考虑最多的是如何"教授"。"教学设计"写着写着就变成"教的设计"。如果将"教学设计"改为"学习设计"，"学习"对应的行为主体是学生，教师在设计时，自然而然就会站到学生的角度，就会凸显学生，淡化自己。不要小看这么小小的一个名称改变，它或许会彻底改变传统的课堂样态，给我们带来一个全新的课堂面貌。

日本著名学者佐藤学曾说："20 世纪的教师是研究教的专家，21 世纪的教师应该是研究学的专家。"其实，学习设计是一门大学问。在教师的知识结构中，恐怕这是需要下功夫弥补的一个方面。不信，我随便问几个问题，看看你能否做出科学、合理的解答。课堂上，学生在写作文的时候，有的老师喜欢播放轻音乐，你觉得播放音乐好，还是不播放音乐好？学生在自由朗读课文或默读课文的时候，有的老师喜欢在多媒体课件里嵌入一个倒计时器，你觉得计时好，还是不计时好？给学生的答题纸有红、蓝、绿、白等不同颜色，对学生答题有影响吗？什么颜色能削弱学生向难题发起挑战的勇气？这些问题都和学习设计有关。将"教学设计"改为"学习设计"，会促使教师去学习这方面的知识，掌握一些基本的学习设计的方法，从而有效地组织学生开展学习活动。

将"教学设计"改为"学习设计"，有利于构建以学习为中心的课堂。帕克·帕尔默在《教学勇气：漫步教师心灵》一书中指出，"构建以伟大事物为中心的教学共同体"。过去几十年，课堂教学大体经历了以教师为中心、以学生为中心、以学习者为中心的几个发展阶段。当前，大家普遍意识到，教学要为未知而教，为未来而学，要让教学触及学生心灵，要让学习真实发生。将"教学设计"改为"学习设计"，能让执教者把关注点与着力点放在学生学习活动的设计与安排上，用一个个或独立或关联的学习活动，架构起一节课的设计。在这样的课堂里，全体学生都能获得平等的学习权，都能全程、全员、尽情地参与学习。课堂不再是部分优等生占据学习机会，其他学生成为被动看客的地方，而是促进每一位学生深度学习的地方。将"教学设计"改为"学习设计"，能让执教者将自己的作用转向倾听、串联、反刍；能让执教者真正成为学习活动的策划者、组织者和引导者。

"学校"不是"教校"，课堂是"学堂"而不是"教堂"。学生是学习活动的主体、主人。迷恋传授式、迷恋知识灌输，教师永远是学生的天花板，永远不可能出现"青出于蓝而胜于蓝"的局面。浙江省教育厅教研室副主任张丰老师曾经说过："课堂教学的要点，即老师在课堂上最重要的任务不是讲课，而是组织学生学习。"美国斯坦福大学教育心理学教授希尔伯曼的一项教育心理学研究发现，在两周之后，学生对知识的记忆率，如果是听教师讲授，记忆率只有 5%；学生阅读，记忆率为 10%；视听并用，记忆率为 20%；而学生讨论，记忆率为 50%；学生实践，记忆率为 70%；学生辅导别人，记忆率为 95%。学习内容的记忆率不足 50% 的几种学习方式，都是被动学习或个人学习；而学习内容的记忆率达到或者超过 50％ 的几种学习方式，都是主动学习或参与式学习。无论是安德森的"认知水平金字塔"，还是希尔伯曼的《积极学习》，都告诉我们必须构建"学为中心"的课堂。而构建"学为中心"的课堂，教师必须转变自己的角色定位，由"知识传授者"变为"学习活动的组织者"。实现这一转变的第一步就是要把备课环节中的"教学设计"变为"学习设计"。

备课、写教案，将"教学设计"改为"学习设计"，这绝对不是在玩文字游戏。一个词语的改变，改变的是教师的观念，改变的是课堂样态，改变的是高品质的学习，改变的是高质量发展。

老师不能做"漂移者""第三者"与"偷盗者"

从小学到高中，语文课上，每每学习一篇新课文，老师一般都要求学生概括课文主要内容，或是问课文写了一件什么事，或是问课文主要讲了什么等。我们经常会见到这样一个熟悉的情景：学生初读课文之后，个别活跃的学生高高举起手。这时，老师会叫一两名学生说一说。等学生说过之后，初读课文、整体感知的环节就算结束了。这样的教学过程，学生学得不扎实。看起来老师是教过了，但学生并没有学会。这种蜻蜓点水式的教学过程，我戏称之为"课堂漂移环节"。且不说这样的环节设计是否符合当前的教育教学理念，单从教学过程而言，这个教学流程至少遗漏了两个步骤：一是个别学生说过之后，应该安排一个同桌相互说一说的环节；二是等同桌交流过之后，还应该再随机请一名学生汇报。有了这两个环节，才能确保让课堂中的每一名学生经历"学过"到"学会"。因此，课堂上，老师不能"走教案""水过地皮湿"，不能做"漂移者"，要面向学生，让每个环节都"走心"。

在讲授式、问答式的课堂上，学生的学习权利其实是不均等的。优秀生往往更多地拥有提问的机会、回答问题的机会、得到表扬的机会和展示交流的机会等，而其他的学生则往往处于一种被动地"观看"或者"倾听"的状态，这些学生就像课堂里的"看客"、优秀生的"陪读"。如果老师在推进教学过程中始终和优等生"一唱一和"，流畅地划过预设的教学流程，长此以往，薄弱生、学困生、后进生就会越来越多。亲爱的老师，如果你迷恋讲授式、问答式教学，至少要避免做"漂移者"。当然，我更希望你摒弃讲授式、问答式，采取自主探究、自主习得等教学范式。

自 2016 年全面使用小学语文统编教材后，在听课中，我发现一个比较普遍的现象，学生朗朗的读书声少了，静心默读的时间少了。课堂上浮光掠影之后的对话多了，脱离文本讲授语文要素的现象多了。课文是提高学生语文核心素养的凭借，课堂上，我们应该确保学生与文本充分对话，让学生有时间潜心会文、静思默想。我始终觉得课堂是学生与文本"恋爱"的过程，老师不能做学生与文本的"第三者"，横在中间，干扰学生与文本"恋爱"。日本著名学者佐藤学曾经说过，学习是学生同教科书的相遇与对话，同教室里的伙伴们的相遇与对话，同自己的相遇与对话。文本对于学生来说是老朋友、新朋友，老朋友、新朋友相遇，该是多么美好的时光呀，我们怎么能做"第三者"呢？这不是扫学生的兴吗？

课堂上，要确保学生"潜心会文"的时间。著名特级教师贾志敏曾指出：学生还没读通、读熟课文，老师不要忙着开讲。古人云："读书百遍，其义自见。""书不读熟不开讲"应该成为中小学语文教学的一条基本原则。让学生充分与教科书接触，与文本对话，教师应该是学生与文本的"媒婆"，而非"第三者"。

放风筝，恐怕是每个人都有的童年记忆。在我小的时候，风筝基本上是孩子们自己做的。先用柴刀削好一根根竹签，接着用细线将竹签扎好，再糊上报纸，然后系上线、绑上飘带、调试平衡，最后才放风筝。现在风筝随处都能买到，像超市里、小店里，孩子们不仅没有了动手做风筝的体验，甚至连组装、调试都被爸爸妈妈代劳了，只剩下到旷野里放风筝这么一个过程。我把这种现象称为"被大人偷走的实践与体验"。爸爸妈妈不经意间做了一个"偷盗者"，偷走了孩子的成长。

课堂上，我们有时也会做学生"思维的偷盗者"。就拿"借助关键语句概括一段话的意思"这项语文能力训练来说，学生读了一段话，刚开始只能很啰唆地用一句长长的句子概括，很难将其凝练成一个短语，或者是一个规整的小标题。这时，许多老师就会很着急、不耐烦，为了快速推进教学过程，完成预设的教学任务，往往不等学生说完，就越俎代庖"端出"预设的答案，让学生将老师预设的答案摘抄、批注在课文相应的段落上。这种剥夺学生内在思维训练，把关注重点放在思维结果上的做法，实际上就是一种"内隐思维的偷盗"。这种教学行为是千万要不得的。

著名特级教师俞正强曾经举过一个小学数学教学的案例，阐述"什么叫思维的偷盗者"。他说，有些老师在教学"速度"这个概念时，教学过程非常简单。给学生出示一道数学题：狗 2 分钟跑了 100 米，猫 5 分钟跑了 200 米，狗和猫谁跑得快？看到这么简单的题目，学生当然马上就会解题。用路程除以时间，得出"狗比猫跑得快"的结论。然后，老师会再出一些类似的题目，让学生反复操练，最后，学生个个成了"解题高手"，见到题目就能不假思索地应答。俞正强老师说，上述这个看似很正常的教学流程，其实存在一个很大的问题，那就是学生的思维不见了，学生的思考被老师"偷"走了。狗比猫跑得快，这是一个生活常识，稍稍有点生活经验的人都知道。"你怎么证明狗比猫跑得快？你能不能用数学的方式说一说你是怎么想的？"才是教学的核心。也就是说，"要让学生用自己的理解与表达说明什么是速度"，才是这个数学内容背后的核心教学价值。比较狗和猫谁跑得快，最终要比的是"一个单位时间里的路程多与少、大与小"。这是内隐的核心素养。如果我们不注意，就会不知不觉做学生思维的"偷盗者"。

"漂移者""第三者"与"偷盗者"，是我对课堂不良现象的一种比喻。任何比喻都是蹩脚的，但追求生本课堂，探索深度学习，让学习真实发生，让学生不仅"学过"，而且"学会""会学"，才是我们共同的目标。

即时效果与教育延后性

....

著名教育家苏霍姆林斯基说："教育工作的最后结果如何，不是今天或明天就能看到，而是需要经过很长时间才见分晓的。你所做的、所说的和使儿童接受的一切，有时要过五年、十年才能显示出来。"苏霍姆林斯基所说的和中国俗话"十年树木，百年树人"的道理是一样的。这些论述揭示了一个客观事实，评价教育效果的优劣，不能只看短期效果，要看长远。道理大家往往都懂，但面对教育现实时，我们常常会困惑不已。

我曾遇到两位风格迥异的老师。其中一位十分严苛，他所带的班级学生极少有调皮捣蛋的，大家都严守各项规章制度，规规矩矩；他所执教的学科，班级成绩始终是年级组领先的，学生基础扎实，百考不败。当然，这位老师所带的班级也有许多不尽如人意的地方，比如学生争强好胜、好胜心强，除了考试成绩外，什么都不感兴趣，学校里组织的活动基本上都是应付了事。另外一位老师则完全不同，他比较民主，管理比较宽松，他们班的学生成天乐乐呵呵的；他积极组织学生参加各类活动，到处都有他们班活跃的身影；他任教语文，学生做题少，从不"死抠"基础知识，他每天做得最多的事就是带着孩子们海量阅读。每次走进他们班级，就有一种轻松、愉快、幸福的感觉。但这位老师所带班级因为纪律比较松散，学校每周四项常规竞赛，他们总是名落孙山；这位老师任教的学科，每次期末学业测试总是在年级组中游。

那位严苛的老师，因为教学成绩好，深受家长们的喜欢，许多家长四处托请，都想把孩子放到他班里。而那位民主型、带班比较宽松的老师，虽然家长们也挺喜欢，但总是对他班级考试成绩吹毛求疵。

从遵循教育规律、学生身心发展规律以及长远的角度衡量，其实上面所述两位教师中，那位民主型的教师更值得肯定。但家长很"现实"，把孩子放在那位严苛的教师门下，能给他们带来孩子在学业竞争中胜出的快感与喜悦。家长能看到一个符合他们认知的逻辑：小学学业好就能去上一个好的初中，初中学业好就能上重点高中，就能考上名牌大学。每次家长来要求，希望把孩子放在那位严苛型的教师班级，我都会向他们推荐那位民主型的教师。当我向家长解释"风物长宜放眼量"，不要总是盯着眼前的那点分数时，家长都会不客气地说："几十年后哪位老师教的学生、带的班级更有出息，谁也无法预判。我能看到的是眼前，看能不能让我孩子的成绩始终保持优秀。"

借用两位风格迥异的老师作为一种隐喻，我想谈谈教育的即时效果与延后性评价之间的问题。

一位老师如果教书育人的成效既能在短期评价中胜出，又能在十几二十年延后性评价中显示出优势，当然是最完美的结果。但现实中，往往存在即时效果与延后性评价之间的矛盾。不要说家长，就是从事教育工作的专业人员，有时都很纠结。衡量一所学校的办学水平，衡量一位老师教育教学成功与否，大家更多的还是看小升初、中考、高考成绩。至于这所学校、这位老师培养的学生十几二十年后到底怎么样，谁会关心呢？退一步说，十几二十年后学生的好坏谁敢往自己身上争功揽过？学生好了，一定是你当年教得好的缘故吗？学生变不好了，一定是你当年没教好吗？

正因为教育延后性评价的可变因素太大了，所以，生活在当下的每个个体都很现实，教育产生的短期效果，能给人们带来快感、安全感。那位严苛的老师让学生"两耳不闻窗外事"，每天埋头于刷题、练习中，家长们看重的是孩子期末傲人的分数，至于学习过程中是否压抑了孩子的天性，是否牺牲了孩子快乐幸福的童年，也就不那么看重了。那位民主型的老师没有给学生过重的学业压力，每天让孩子们乐乐呵呵的，面向未来或许他确实是对的。但现实很残酷，你我在竞争。面对竞争——那只虎视眈眈的狗熊，要胜出，不用和狗熊比速度，只要能把你比下去，跑在你前面就可以了。教育是不是因此"内卷"越演越烈，教育是不是因此造成大家都"站着看戏"，那些家长和那位严苛的老师并不在乎。

2020年10月，中共中央、国务院印发了《深化新时代教育评价改革总体方案》（以下简称《总体方案》）。这是教育改革走向深水区，教育领域开始啃"硬骨头"的标志。《总体方案》给全社会，尤其是给教育指明了方向。《总体方案》的出台，进一步明确了"培养什么人、怎样培养人、为谁培养人"这一根本问题，进一步明确了为党育人、为国育才的办学方向，进一步明确了教育的根本目的是促进学生身心健康、全面发展。《总体方案》的出台，是对全社会，尤其是家长、教育工作者观念转变的一次根本性的引导。《总体方案》的出台，向全社会发出号角，要坚决克服唯分数、唯升学、唯文凭、唯论文、唯帽子的顽瘴痼疾；对引导全社会树立科学的教育发展观、人才成长观、选人用人观，具有重大的现实意义和重要的指导意义。《总体方案》要求全体教育工作者进一步转变育人观念，要求家长进一步转变育儿观。

作为一名教育工作者，我们要做的是重新定义即时效果的优劣，用立德树人的成效检验自己的工作。哪些是不符合《总体方案》要求的，要坚决摒弃；哪些是符合要求的，要毫不动摇地坚守；哪些是需要改进的，要在实践中不断优化，让即时效果与教育延后性评价同频共振，用望向未来的延后性评价来审视当下即时效果的优劣。

当前，许多家长在孩子培养上，存在着盲从、从众、被裹挟的不良倾向；多元发展、个性发展，适合自己的才是最好的等观念还没有根本形成；成长为自己，成功靠分数，成才看文凭的观念依然根深蒂固。我们要发挥通过学生评价方式的转变去影响、引导家长树立科学的成才观念。

　　借用两位风格迥异的老师作为一种隐喻，其实我想说的是两种教育生态，那位严苛型教师代表着需要改良的现实，那位民主型教师代表着我们大家期待的理想。要让理想变为现实，我们首先要做的就是让即时评价无限接近理想，从而让那位严苛型教师、那些家长做出调整与改变。

语文可以是有情、有趣、好玩的

好看的皮囊千篇一律，有趣的灵魂万里挑一。生活中，有情趣的人特别受大家欢迎。如果把语文比作一个人，我希望站在学生面前的她不是严肃、刻板、冷冰冰的，而是有情、有趣、好玩的。屈指算来，我从事小学语文教学工作已经 30 多年。在小学语文这片丛林里，驻足越久，越是深入，我就越发真切体悟到她姓"小"、姓"语"的独特性。面对稚气未脱、童心未泯、活泼可爱的小学生，语文教师作为学习活动的组织者和引导者，我们应该让语文学习变得有情趣一点，好玩一点。

语文教学太正经

走进小学语文课堂，时常有这样一种感受：理性有余，情趣不足，太一本正经了。为了落实单元语文要素，为了教授阅读策略，为了达成习作训练的要求，许多老师在教学中过于理性，课堂上一会儿忙着填写表格，一会儿忙着校对批注。那种紧张忙碌的压迫感，让孩子们一脸迷茫，个别孩子疲惫地直打哈欠。下课时，看到走出课堂的孩子们眼神空洞、表情木然、了无情趣的样子，我有些忧虑，我担心长此以往，孩子们会讨厌学语文。在我心目中，语文课应该像作家刘绍棠笔下的《老师领进门》那样，"我听得入迷，恍如身临其境，田老师的话戛然而止，我却仍在发呆，直到三年级的学兄捅了我一下，我才惊醒"。我想，如果我们做不到让学生如痴如醉，至少应该让学生情趣盎然、有滋有味。

一直以来，我都比较关注课堂的情趣。特别是近一二十年来，受叶澜教授"让课堂焕发生命活力"理念的影响，我始终牢记，课堂是向未知挺进中一段不可重复的旅程，是师生生命历程中的重要组成部分。无聊、无趣不应该是这段旅程的心灵感受，有情有趣、有滋有味应该成为主基调，成为师生的重要体验与记忆。

语文可以是有情、有趣、好玩的，是由它的学科性质决定的。《义务教育语文课程标准（2022年版）》指出，语文课程是一门学习语言文字运用的综合性、实践性课程。工具性与人文性的统一，是语文课程的基本特点。我们要创设丰富多彩的教学情境，激发学生的兴趣，让学生感受到语文学科独特的魅力。

小学生的年龄特点，也要求语文学习要有情、有趣又好玩。莎士比亚说："游戏是小孩子的'工作'。"小学生活泼好动，"玩中学""学中玩"是他们认知世界、获取知识与能力的主要途径。我们只有遵循小学生身心发展规律，遵循小学生学习规律，才能更好地达成培养目标。

看到许多还未曾领略语文的缤纷就厌倦不已的孩子，我心中一直有个梦想——要让语文变得有情有趣、有滋有味，要让孩子们感受到语文很好玩。这就是我二三十年来，孜孜以求探寻"情趣语文"的初心。

情趣作文真好玩

玩是孩子的本能，爱玩是孩子的天性。古今中外，有许多发现、发明是在玩中诞生的：英国的威廉·梅尔道克在玩煮石头的游戏中，发现了煤气，后来成为一位著名的化学家；荷兰的列文虎克在玩镜片的过程中，发明了显微镜，发现了微生物，从一位普通的看守大门的工人变成著名的生物学家；

法国的德尔文在看孩子们玩陀螺的过程中受到启发，改进了步枪的枪管结构，成为"现代步枪之父"。这样的例子不胜枚举。

贪玩、顽皮、好动是孩子的天性。和孩子们接触后，你会发现，没有不爱玩的孩子，其实，"玩"是孩子最重要的一种学习需求和学习行为。从这个角度解释，孩子是天生的学习者。与此同时，我们又会发现另外一种怪现象——怕写作文。"怕作文"差不多是小学生的一个共性，"学语文最怕的是作文"，这几乎是所有小学生的共同心理。既然"玩"是天性，"怕作文"是共性，那能不能把它们结合起来，用天性去解决共性，用"玩"去对付"怕"呢？正是基于这样的认识，我想到了"情趣作文"。

我创编能激发学生乐于参与的活动作为习作内容。学生在活动中情趣高涨、兴趣盎然，教师借此对学生适当指导，让学生把快乐体验、参与实践的过程用自己喜欢的方式记录下来。在情趣作文过程中我们倡导先玩后写，边玩边写，玩中学写，不玩不写。用一个形象的比喻来说，情趣作文就好比是"裹了糖衣的药片"。外面这层糖衣，是孩子们喜闻乐见的活动，里面的药片，是小学生习作能力提升的一个个训练点。

指向学生核心素养，跳出学科人，走向教育人。我以学科整合、融合的理念，将体育、音乐、科学、劳动等学科与习作教学相勾连，让孩子们踩一踩气球，然后把游戏的乐趣写下来；让孩子们听一听美妙的音乐，然后把自己联想到的事情写下来；让孩子们做一做纸片托水的科学实验，然后记录一下实验过程。因为好玩，作文课成了孩子们的期盼；因为有趣，写话、习作不再是一种负担、任务；因为有情，写话、习作成了一种现实交际需求，孩子们有不吐不快之感。

经过十多年的探索实践，好几轮的反复实验，我和我们学校语文教师团队精心选编了 100 个情趣作文素材，分为游戏、科技、实践和生活四大类。写话、习作课上，我们先用一半左右的时间，组织孩子们尽情"玩乐"，孩子们嗨过之后，再组织他们尽情抒发。我们摸索出了让游戏与习作相连、让科技与习作相连、让实践与习作相连、让生活与习作相连四大类情趣作文的实施路径。我们著述出版了《玩出名堂　写出精彩：小学情趣作文教学》一书，并入选《中国教育报》全国教师暑期阅读推荐书目。

诗词积累真有趣

玩转作文，让我真切感受到语文可以是有情、有趣又好玩的。语文是一个可以任由我们打扮的"小姑娘"，小学生的年龄小，我们为什么不把这个"小姑娘"打扮得受他们欢迎一点呢？如果说"情趣作文"是我找到的领着孩子们进行言语实践的一条"花香路"，那么"跟着古诗词游中国"则是我找到的领着孩子们进行言语积累的一条"通幽曲径"。

中国是一个诗的国度，千百年来，古典诗词以其无限的魅力超越时空，影响、感动、涵养了一代又一代的青少年。古典诗词作为中国传统文化中的精华，蕴藏着中华民族最深沉的精神追求，包含着中华民族最根本的精神基因，代表着中华民族独特的精神标识，是中华民族生生不息、发展壮大的精神滋养。面对这个浩瀚无垠的知识海洋，面对这个中国文学智慧的"珍宝库"，我们该如何把小学生领进大门，让他们徜徉其间，又不因背诵积累而压力重重呢？

受"读万卷书，行万里路"的启发，我想到了"跟着古诗词游中国"。我以地理空间为承载，以诗歌发展为脉络，从辉煌的诗歌发展历史长河中选出具有代表性的诗人，从浩瀚的诗歌银河中选择适合小学生诵读学习的经典，然后以长江、黄河流经的城市为节点，形成"跟着古诗词游中国之长江篇""跟着古诗词游中国之黄河篇"。我们以长江、黄河、边塞、三山五岳等名山、历史文化名城、亭台楼阁为线索，计划编辑出版一套六册的"跟着古诗词游中国"读本。

我们把古诗词背诵与古诗词背后的逸闻趣事结合起来，譬如杜牧的千古名篇《清明》，它是怎么诞生的呢？我们先给孩子们讲述杜牧即兴创作《清明》的美丽故事，孩子们饶有兴趣地听完故事之后，"清明时节雨纷纷，路上行人欲断魂。借问酒家何处有，牧童遥指杏花村"的诗句在不知不觉中也就烂熟于心了。沿着长江，溯流而上，从入海口到发源地，我们选取了沿途重要的30个站点。每到一处，我们先给孩子们介绍这个地域的风土人情，都有哪些历史名人曾经驻足此地；然后，我们会选取一位诗人，讲述他（她）与这个地方曾经发生过的美丽传说、动人故事；接着向孩子们推荐一首经典古诗词；最后拓展链接几首与这个地域有关联的古诗词。

因为有动听的故事做导引，因为有风土人情的时空这条经线做串联，原先单一、枯燥的古诗词，一下子变得有血有肉、生动立体起来。被孩子们视作"苦差事"的背诵积累一下子变成了情趣盎然的"趣活儿"。小学六年，六条"跟着古诗词游中国"线路游玩下来，不仅孩子们积累了六七百首古诗词，而且"祖国山河无比壮丽"在孩子们心中变得丰满、可知可感。中华优秀传统文化得到了继承，"文化自信"的种子深深地植根于孩子们幼小的心田。

课堂这样才有意思

如果说活动是情趣作文的"糖衣"，故事是跟着古诗词游中国的"糖衣"，自主就是活力语文课堂的"糖衣"。在小学语文教育的这方田地里耕耘了30多年，时常有人问我："你的教学主张是什么？"我轻易是不敢作答的。我更不敢在"语文"二字前面加修饰语。我觉得语文课程标准已经把语文的性质说得够清楚了，"语文课程是一门学习语言文字运用的综合性、实践性课程"，我们只要能做到课程标准里提出的"努力建设开放而有活力的语文课程"就已经相当了不起了。这些年，根据语文课程"实践性"的性质，我把培养学生自主学习的意识和习惯，作为探索重点，以此践行"开放而有活力"的理念，力争让语文课堂变得有情趣、好玩一些。

我对"自主"的诠释，概括起来就是一句话：找准起点，知道终点，过程自选。下面我围绕这句话，做个简单的解释。

第一，找准起点。美国著名心理学家戴维·保罗·奥苏伯尔曾说："假如让我把全部教育心理学仅仅归纳为一条原理的话，那么我将一言以蔽之曰：影响学习的唯一最重要的因素，就是学习者已经知道了什么。要探明这一点，并应据此进行教学。"怎么才能快速了解学生的学习起点呢？这些年，我尝试通过预学单，通过课前自主提问，通过前测等策略，借助信息技术了解学生的学习起点，以学定教，顺学而导。有了预学单，学生哪些内容已经懂了，哪些词语已经掌握了，哪些知识是他们的难点，我就能了然于胸。预学时，我还非常重视让学生提出疑问。俗话说，学问学问，既要学又要问。预学时让学生提出自己的疑问，既可以培养学生的问题意识，又能训练学生"善问"的能力。我们的学生普遍不善提问，缺乏质疑问难的意识。造成学生不会问、问得少的原因是多方面的，但其中有一个原因，恐怕与长期以来形成的课堂模式有关。先教后学，以教为主的课堂形态，常常使学生处在被动学习的地位，学生一旦陷入被动地接受状态，提问的机会自然就少，而应答老师的提问自然就多了。在预学单中，有意识地引导学生质疑问难，并能将学生的疑问进行归类整理，日久天长，师生的问题意识都会增强。学生自然就敢问、乐问、善问了。让我十分欣喜的是，现行统编教材不仅开始重视这个问题，而且还将"学会提问"作为一项重要的阅读策略单独设置。

让学于生，从预学单出发，从学生提出的问题入手组织教学。教学目标的设定、教材教法的选择等都服从于学生，以学生的学习为核心，让"教室"变为"学室"，变"教学"为"学教"。唤醒学生的主体意识，落实学生的主体地位，培养学生的自主学习意识，形成自主学习能力，从而在根本上改变学生的学习方式，从根本上改变课堂教学方式。

第二，知道终点。什么是知道终点？就是学生在上课前，知道这节课要学什么，学到什么程度。简而言之，就是要明白学习目标。长期以来，我发现教学上有一个普遍问题没有引起大家的足够重视，教师对一篇课文的教学目标或者一节课的教学目标是清楚的，但学生是不知道、不清楚的。极少有老师会在上课前，把本篇课文、本节课的学习目标告诉学生。学生往往要到一节课结束时，才参悟到"哦，原来老师要让我知道这些呀"。《高效能人士的七个习惯》一书的作者史蒂芬·柯维将"以始为终"作为七个习惯之一。用直白、浅显的话语来说，"以始为终"就是写作文前打腹稿，做事前设定计划，完成工作时预先设定目标。我觉得"以始为终"不仅能提高效率、效能，还能让完成任务的过程充满期许与乐趣。教学时，我喜欢早早告诉孩子们本节课、本篇课文的学习目标。对照目标，师生一起开启这段未知的 40 分钟的旅程。

为什么说知道终点就能让课堂变得有情趣、好玩一点儿呢？因为这一举措，可以舒缓学生紧张、迷惑、恐慌的心理，可以给学生一个宽松、可知、坦然的心境。打个比方，把孩子带到操场上，让孩子跑步。甲老师说："到底要跑几圈，我暂时不告诉你们，我让你们停下来，你们才能停下来。"乙老师说："请大家跑三圈，跑完以后，到我身边集合。"采用两种不同的指令，孩子跑步的情态完全不一样。课堂教学也一样，知道终点目标，学习过程中人的心境、学习情态与对目标毫不知情是完全不同的。

第三，过程自选。从教学方法上看，长期以来，我们的课堂都是以教师教授为主，对知识进行打包、压缩，直接"喂给"学生，学生几乎不主动参与，所有过程都是教师支配，学生只负责被动接受，学生的学习能力不断衰退。自主的思考和探究过程对于很多学生来说是一件"苦差事"，他们宁可坐等老师或者学优生给出现成的答案。过程自选，强调的是让学生按照自己的步调、节奏去与文本对话，去与问题相遇；让每一位学生在课堂上都能全身心地参与进来，沉浸其中，精神高度集中，内心愉悦充实，处于一种"忘我"和"陶醉"的状态。

过程自选，让我从原先重教学设计、轻学习设计的传统模式中跳出来。我会根据学生不同的起点，预测他们可能会遇到的困难；我会根据学生不同的学习类型，预测他们可能采用的学习方式和策略。给学生充分自主学习的时间，并且让学生形成相互协同合作的关系，让学生有充分的思考、交流、试错和修订的时间。我只在学生需要帮助时，才去点拨、指导，让学生远离紧张、焦虑，处于放松、温馨、舒缓的真实学习状态。

找准起点，知道终点，过程自选，保障了每一位学生都能投入高品质的深度学习。而处在深度学习状态中的学生，就好比沉溺在玩"电子游戏"中那样，往往会忘记时间和自身的疲劳，达到"迷恋"的状态。我认为，能经常让学生产生高峰体验的课堂才是真正有意思的课堂。

俗话说，一千个读者就有一千个哈姆雷特，每一位小学语文教育工作者对"小学语文"的理解与认识都是各不相同的。"小学语文"长什么模样，每个人心中自有一幅不同的画像。语文可以是有情、有趣、好玩的，这是我的认识与体悟。为此，我努力通过外在的学科融合、生活化、情趣化等手段，为她装点打扮，让她变得漂亮。与此同时，我变革认识她的方式，以期用孩子们喜欢的方式去了解她、读懂她、爱上她。就像有句歌词所唱："读你千遍也不厌倦，读你的感觉像春天。"语文可以是有情、有趣又好玩的，或许只是我读懂她的一个肤浅认识，但"横看成岭侧成峰，远近高低各不同"，相信，在小学语文教育丛林里不断深入，我对她的认识会更加深刻。

高山仰止，景行行止

——特级教师王崧舟执教《孔子游春》赏析

....

　　《孔子游春》是苏教版六年级下册第七单元的一篇精读课文。这个单元的主题为"师恩难忘"，安排了《莫泊桑拜师》《理想的风筝》《孔子游春》《明天，我们毕业》四篇讲读课文。《孔子游春》一文生动地描述了孔子带弟子到泗水河畔游赏，就地取材巧借河水给弟子们阐述了"真君子"的品质，让我们感受到了万世师表的孔圣人循循善诱，与弟子们其乐融融地游学的美好情景。

　　这样一个普通的新编历史故事，到了著名特级教师王崧舟手里，一下子变得丰厚、灵动而富有生命活力。2013 年 11 月，在杭州举行的"千课万人"观摩活动中，王崧舟老师用他那独特的取舍之道、厚重的儒雅之风、巧妙的教学设计、极富感染力的教学语言、行云流水般的师生互动、轻松愉悦的课堂氛围、摄人心魄又水乳交融般的配乐朗读给大家演绎了一节如诗如画般的好课。听王崧舟老师的课如沐圣贤光辉，仿佛孔子再世，不仅上课的学生陶醉其间，就连在场的几千名听课教师也流连忘返、欲罢不能。

　　课的结尾处，王崧舟老师引用司马迁《史记·孔子世家》中的"高山仰止，景行行止。虽不能至，然心向往之"来赞美孔子，并表达了自己的渴望，渴望做孔子的学生，走进这样如诗如画的课堂，渴望做一名像孔子一样的好老师。课下，我和在场的许多老师不禁感叹：我们不用早生 2500 年做孔子的学生，我们只要晚出生二三十年做王崧舟的学生就心满意足了。

孔子的德行让我们"高山仰止，景行行止"，王崧舟老师的课亦如此。王老师的课已经很难说是课了，我觉得是一件精美的艺术品。他的课有深度，有厚度，有高度，有气度，有温度，有广度。我想，用再多、再美的语言来赞美他的课都不为过。下面我选取三个方面，谈谈听了王老师执教的《孔子游春》后的感受。

有温度：如沐春风的王老师

把万世师表孔子从神坛上请下来，回到杏坛，孔子不再是冷冰冰的圣人，而是犹如学生每天都在接触的老师。

师：孔子的身份是什么？让我们再次简单地浏览课文。
（出示课文中的三个句子）

弟子们不知老师在看什么，都围拢过来。
老师遇水必观，其中一定有道理，能不能讲给我们听听？
颜回呀，听说你把自己的志向写进了一首歌里。何不唱给老师听听？

师：在弟子们心目中，孔子的身份是老师。孔子自己也说是老师。
……
师：是老师就要给学生上课。孔子的课堂在哪里？找一找，用波浪线画出来。
……
师：孔子为弟子们精心准备的课文在哪里？轻轻地读一读课文，画出有关句子。

……

师：假如要为这堂课取个题目，你觉得取什么题目呢？

……

师：这位老师的名字叫孔子。我是多么希望自己能早生2500年啊，那样我就可以做他的学生了。我是多么向往在这样的课堂里学习啊！

（出示课文，用诗歌的形式排列。师生配乐朗读。）

阳光普照着大地，泗水河边桃红柳绿，草色青青，习习的春风像优美的琴声，在给翩翩到来的春天伴奏。大自然多像一位伟大的母亲！广袤的大地是她宽广的胸怀，茂盛的森林是她飘逸的长发，温暖的太阳是她明亮的眸子，和煦的轻风是她甜蜜的絮语……

师：这如痴如醉的课堂，这如诗如画的课堂，怎不让人心向往之？

上《孔子游春》，老师们少不了要介绍孔子，引用《论语》中的精彩语段。学生还没学课文，老师就已在学生心中树起一个崇高的孔圣人的形象。王老师慧眼独具，上课伊始，分别从课文的前中后三个语段中拎出三个句子，一次又一次地确认孔子的身份——老师，一下子就拉近了学生与孔子的距离。老师要给学生上课，得有"课堂、课文、课题"。孔子给学生上课的课堂、课文、课题是什么呢？问题问得很浅，却如点穴一般切中要害。经王老师这么一问，课文重点段，学习重点、难点，如同剥笋一般，立马呈现在师生面前。没有繁文缛节，没有拖泥带水，更难能可贵的是"接地气"——"课堂、课文、课题"这些通俗的说法，与孩子们的生活紧密相连。《孔子游春》虽然讲的是2500多年前的历史故事，但经王老师这么一问，仿佛这个故事就发生在孩子们身边，孩子们仿佛置身在这个其乐融融的课堂当中。因此，我说王老师的课堂有温度。有生活的课堂有温度，有温度的课堂有生命。听王老师上课，你不觉得是在上课。你看，他时而用宽手掌爱抚地推推孩子们过于低垂的额头；时而躬身笑眯眯地奔跑着给孩子们递话筒；每每请学生回答问题，再急也不忘说"你请"。这种在课堂中氤氲着温馨的氛围，置身其中，你会感到一种温暖。这种感觉或许就是不可言说的如沐春风的课堂温度。

有高度：匠心独具巧训练

课文课程是一门学习语言文字运用的综合性、实践性课程。王老师深谙此道。他用自己独特的取舍之道道出《孔子游春》这篇课文的核心教学价值——事物与联想。分三次对学生进行的语言习得训练，让我们看到了他对"语用"认识的深刻。

师：同学们，孔子的课堂藏着一个秘密。一半是看到的，一半是想到的，完成练习第一题。

看到习习的春风，想到＿＿＿＿＿＿＿＿；
看到＿＿＿＿＿＿＿＿，想到宽广的胸怀；
看到茂盛的森林，想到＿＿＿＿＿＿＿＿；
看到＿＿＿＿＿＿＿＿，想到明亮的眸子；
看到和煦的轻风，想到＿＿＿＿＿＿＿＿。
……

师：孔子的课文中也藏着一个秘密。一半是看到的，一半是想到的，完成练习第二题。

看到水奔流不息，哺育生灵，想到＿＿＿＿＿＿＿；
看到水或方或长，和顺温柔，想到＿＿＿＿＿＿＿；

看到水穿山凿壁，从无惧色，想到＿＿＿＿＿＿；

看到水流经万物，荡涤污垢，想到＿＿＿＿＿＿。

……

师：这就是孔子为弟子们精心准备的课文。这篇课文没有写完。你能按照孔子编写的思路，继续编写课文吗？请完成练习第三题。

（学生仿写由事物与联想组成的句子）

生：水不舍昼夜，浩浩荡荡奔向大海，它好像有毅力。

生：水善于帮助万物，但从不与万物争功夺利，它好像助人为乐。

生：水淡泊宁静，总是处在最低处，它好像很谦虚。

生：水包容万物，不分高贵与低贱，它好像大公无私。

没听王老师的课前，《孔子游春》我也读了 N 遍，但就是没有发现文章构句成段的这一秘妙。经王老师这么一点，经王老师这么一设计，语言的训练就如此精妙地呈现在我们眼前。王老师对文本解读的能力真的让我们叹服。纵观整堂课，我们真切地感受到王老师对"语用能力"匠心独具的训练。上面呈现的是显性的语用训练。在王老师的课堂中，我们分明能感受到他对"语用能力"的柔性、隐性层面的训练——从填空、写话训练到背诵、积累训练，再到文化的渗透、熏陶。都说王老师的课演绎的是"诗意语文"，是走情感路线的，听了他的《孔子游春》，我才真正明白"此情非彼情"。他的课有语文的特质、理性的积淀、生命的关切，他的课是工具性与人文性统一的价值诠释。

有深度：旁征博引巧引用

听王老师的课，我们常常会惊叹他的旁征博引、左右逢源。他纵横捭阖、挥洒自如，课一下子就有了厚度、深度。我们来看这样两个小片段。王老师引导学生学习"水没有一定的形状，或方或长，流必向下，和顺温柔，它好像有情义"这个句子时，抓住"或方或长"引经据典。

师：因为水是没有一定形状的，于是我们看到它或方或长，或高或低，或大或小，或圆或方。其实，说到水是没有一定形状的，古人的诗词当中倒是有一些很好的句子，我们一起来看一看。

（出示有关诗句，学生有感情地朗读。）

朱熹：半亩方塘一鉴开，天光云影共徘徊。
杜甫：无边落木萧萧下，不尽长江滚滚来。
李白：飞流直下三千尺，疑是银河落九天。
刘禹锡：九曲黄河万里沙，浪淘风簸自天涯。

师：该方则方，该长则长，该直则直，该曲则曲，这就是水的和顺、温柔、有情义。

为了表达对孔子的景仰，王老师在结课时，巧妙地用"高山仰止，景行行止。虽不能至，然心向往之"赞美孔子，让走下神坛的孔子一下子又伟岸起来，并高高地屹立在世人面前。

师：早在两千多年前，有一位伟大的史学家叫司马迁。他说出了和我一样的向往，不过，他说得比我好。他说孔子的品德——
生：高山仰止。
师：他说孔子的言行就像大路一样——
生：景行行止。
师：他说，孔子的境界太高太高，我很难到达——
生：虽不能至。

师：然而，这样的境界我却永远永远向往之——

生：然心向往之。

　　抓住"或方或长"这样一个平平常常、普普通通的词语，王老师竟然旁征博引带出这么多关于水的诗句，这是我们万万没有想到的，也是万万想不到的。这需要多深厚的文化积淀啊！这就是文本解读的功力：一只眼睛看到字的表面，一只眼睛看到文字背后的文化张力，并把这种文化张力自然地、水到渠成般地展现出来，这才叫有语文味的课堂。"吟成一个字，捻断数根须。"想必，王老师在备这一课时，真的到了"人课合一"的境界了。就这么一个"或方或长"的处理，就够我们学习一辈子的了。

　　把万世师表孔子从神坛上请下来，回到杏坛，为的是让孩子们感受一个有血有肉的孔子，为的是让孩子们走进这有情、有趣的孔子课堂。课即将结束时，引入司马迁的名句，又让孩子们知道为什么孔子会被世人称作"万世师表"。旷世奇才的孔子，思想之深邃、境界之高远，值得我们一辈子去学习，去实践，去求索。

　　尽管听王崧舟老师执教《孔子游春》已经过去数月，但时至今日，他的课仍历历在目，想必这节课定会余音绕梁般长久回响在"小语"探索的征途上，回响在每一个走在"小语"路上的老师们的耳畔。

在诗歌里，与您相遇是多么美妙

——走进郭学萍老师的课堂《不可思议的旅程——儿童诗》

....

"宝贝，下课。"

没有一位学生起立。

"宝贝们，下课了！"

学生们双手托着下巴，用铜铃般的眼睛望着老师，满是依恋。

"宝贝，再见！"

孩子们开始啜泣，没有一个愿意离开课堂。

面对这突如其来的情景，长辫子老师（郭学萍老师的另外一个称谓，就像冰心是谢婉莹的另一个称呼一样）本想用爽朗的笑声去消融、化解，可还是没有抑制住自己澎湃的心，她背过身，悄悄拭去眼角的泪水。当她再转身的时候，孩子们已经哭得稀里哗啦了。长辫子老师哽咽地对孩子们说："不是所有的泪水都代表忧伤，它可能是对某个美好瞬间的不舍！"

这是 2016 年 4 月 15 日，郭学萍老师在云南上《不可思议的旅程——儿童诗》观摩课时的一个情景。

短短的一节课，孩子们竟然对郭老师如此恋恋不舍；短短的一个小时，孩子们竟然如此沉醉于郭老师的课堂。他们忘记了现场 1000 多名观摩的老师，他们忘记了那天是星期六。因为下一节观摩课的老师和孩子们已经等候在门外，我不得不上去解围。我跑上讲台，提议让郭老师和孩子们合影。

孩子们在我的催促下，聚集到会场一角，簇拥着郭老师。我故意大声提醒着："一二三，茄子！"孩子们抹着泪，强作欢笑，和郭老师簇拥着、拥抱着。孩子们笑了，我却落泪了；孩子们笑了，会场里观摩的许多老师却落泪了。

我惊讶，短短一个小时，孩子们和郭老师似有相处许多年的情愫；我惊叹，短短一个小时，郭老师的心能如此毫无距离地和孩子们的心贴在一起。我很想用自己的文字破解其中的秘密，找寻到一节好课的"密码"，找寻到一位好老师的"魔法"。虽然我曾沉浸其中，但我懊恼自己文字表达力和教育现象洞察力的不足，因此迟迟不敢落笔。今天，我试着去破解长辫子老师的"密码"和"魔法"，希望当时在场的 1000 多名老师看到这篇文字的时候，能在我的基础上再补充，再生发。

有魔力——给学生一次不可思议的旅程

我听过郭学萍老师好几节课。她与学生的课堂之旅总是在聊读书中开启。书籍是一个多么浩淼的世界啊！与学生聊读书，对于大多数老师而言，最多只会说说书名，连书中的故事情节都不太敢涉猎。因为我们不知道学生都阅读过什么，我们还没有博览到只要学生读过，我们都读过这样一种境界。然而，郭老师做到了，她对孩子们说："我不敢保证你们读过的书我100% 读过，但至少可以肯定 98% 以上读过。"正因为这样，她的课堂一开始就充满了魔力。她在和学生聊读书的时候，学生只要报出书名，她就能说出作者，并对作者进行介绍，顺带说出这位作者的其他作品。当学生谈论书中的故事情节时，她甚至厉害到能随口背出书中主人公的经典话语。郭老师仿佛是一个会行走的图书馆。看郭老师和学生课前短短几分钟的聊天情景，我眼前浮现出苏格拉底和弟子们端坐在金色的麦浪前的情景。郭老师在书海中信马由缰的姿态，一下子就抓住了孩子们的心。短短几分钟，孩子们就像着了魔，郭老师走到哪儿，孩子们的眼神就跟到哪儿。

聊着聊着，郭老师顺势给孩子们出示了一本图画书——《不可思议的旅程》。她借用这本无字图画书的前面几页向孩子们讲述儿童诗——小女孩意外得到了一支神奇的红色画笔，用这支笔画出的任何东西都可以变成真的。她在卧室墙上画了一扇门，当门打开时，她发现自己进入了另一个国度，眼前出现了一片茂密的森林。郭老师说："这片森林里长着一棵奇怪的树，树的名字叫儿童诗。"她一边说，一边出示挂满西瓜、橘子、香梨等各种水果的怪树。就此，她为孩子们开启了一段属于她和孩子们的"一场不可思议的旅程"。

孩子们惊讶，西瓜怎么会长上树呢？树上的西瓜里藏着什么呢？点开，原来里面藏着艺术天才、美国著名诗人谢尔·希尔弗斯坦的一首诗《风真怪》。树上8种水果，每种水果里藏着各式各样的儿童诗，或荒诞，或唯美，或叙事，或抒情，或拟声。郭老师领着孩子们一会儿读，一会儿写，一会儿品，一会儿议。孩子们像着了魔似的，在她的引导下，说出的话语连坐在下面听课的老师都自叹弗如。"童诗是唯美的。""童诗是温馨的。""与童诗相遇就是生命的放歌。"……孩子们精彩的话语，令在场听课的1000多名老师情不自禁地鼓掌喝彩。短短一个小时的课，我记不清台下响起过多少次掌声。

叶澜教授说："课堂应是向未知方向挺进的旅程，随时都有可能发现意外的通道和美丽的风景，而不是一切都必须走固定的路线。"郭老师的课堂之所以有魔力，是因为即使使用同一个内容，她上的课也各不相同，她和学生之间即兴生成的话语，没有一次会相同。她的课可以复制，但不可以克隆；她的课可以模仿，但师生间思想激荡所迸射出的火花以及智慧对话所产生的奇妙效果是唯一的。她和学生在课堂上开启的是一段真正的生命旅程。这段旅程是完全属于课堂当下的，即使从头再来一遍，也不会出现完全相同的情景。

为什么有魔力？因为这是一段不可思议的旅程。

有魅力——给学生一个策马扬鞭驰骋的舞台

怪树上挂着 8 种不同的水果，点开其中一种就是一类不同的儿童诗，借助这些儿童诗，郭老师或是给孩子们讲儿童诗的分类，或是和孩子们一起品儿童诗的特点，或是和孩子们一起揣摩儿童诗的意蕴。如果 8 种水果都由老师点开，采用同一种模式教，那该是多么无趣、没劲的事啊。郭老师的课魅力十足。为什么？因为她让学生当老师，自己退到了学生的后面。在点击了 2 种水果，学习了几首儿童诗后，她说："如果都这样玩，太没劲了。谁愿意当老师，模仿一下老师上课？"

我真的佩服她的胆量：面对 1000 多名听课老师，这是借班上课呀，她和学生才相识二三十分钟，怎么就敢进行这样的尝试呢？然而，让我们意想不到的是，学生接过她的话筒后，给了我们一个大大的惊讶与惊喜。上来当小老师的学生点开了第 5 种水果——青苹果，里面是一首拟声诗《雷雨》。这位小老师先请了几位同学朗读，他听着同学的朗读，自言自语道："你们的朗读在我听来，好像缺少一种味道。"一下子就把我们逗乐了。接着，他又抛出疑问："透过这些象声词和省略号，你们看到了一幅怎样的情景？"小老师问的问题有水平，同学们答问题也似有语不惊人死不休之感。

郭老师的课堂为什么魅力四射？第一，她向我们传递了一个重要的理念——老师，请你退到学生后面去；她给我们提出一个重要命题——课堂上，老师的位置在哪里最理想？第二，她告诉我们要学会放手，要无限相信学生的潜能。第三，她让我们懂得闭上眼，世界属于那些让想象飞的孩子，或者不想长大的成人。

郭老师的课堂不仅是表面上给学生一个策马扬鞭的舞台，更重要的是，她给了学生一个思想可以自由驰骋的草原。在她的课堂里，你能感受到高手过招时的酣畅淋漓。

记得那天课临近结束的时候，孩子们纷纷站起来表达自己上了这堂课的感受。其中，有个孩子是这样说的："如果有人问我最喜欢的老师是谁，我会毫不犹豫地说，是长辫子老师！虽然长辫子老师只教了我一个小时，但我觉得喜欢一位老师与时间长短没有关系。我一直有个梦想，就是当一回真正的老师。上小学五年，今天，长辫子老师帮我实现了。以前，我不知道儿童诗如此美妙。今天，长辫子老师在我心里种下了一颗诗歌的种子。我知道，我们大家都舍不得下课，都舍不得长辫子老师，但天下没有不散的宴席，今天的分别是为了明天更美好的遇见。"

你相信这段话语出自一名五年级学生之口吗？你相信这段话语是一个五年级小学生的课堂即兴发言吗？我后悔没有带录像机、录音笔，学生说的比我凭记忆描述的更精彩。我只知道，这个孩子说完后，会场上再次响起热烈的掌声；我只知道，这个孩子说完后，好多孩子开始抹眼泪了。

为什么有魅力？因为这节课告诉我们的不仅仅是怎么上一节好课，更重要的是告诉我们怎么做一名好老师。

有张力——给学生心中埋下一颗诗歌的种子

说真的，当郭老师呈现课堂主要内容"走进儿童诗"时，我是有些担心的。和小学五年级学生谈儿童诗，或者说要带着小学生欣赏儿童诗，还是有难度的。学生能通过一首一首的儿童诗发现儿童诗的类别、特点、修辞手法吗？事实证明，我的顾虑是多余的。郭老师的厉害之处就在于：她不仅知道学生在哪里，要把学生带到哪里去，还知道怎么带学生去。

郭老师不仅饱读诗书，而且特别爱写诗。点开她的微信朋友圈，你会发现，她几乎每天都在用诗歌记录自己的行走。因为她读过海量的诗，所以，能采撷出最适合五年级学生阅读的儿童诗，能挑选出最具典型性、代表性的不同类别的儿童诗。她一会儿给孩子呈现的是美国希尔弗斯坦的诗，一会儿又跑出来一首日本金子美玲的诗，一会儿冒出来一首中国台湾陈木城的诗，一会儿又朗诵一首自己创作的诗。不仅诗歌选得妥帖，而且背景音乐也配得那样熨帖。她用诗歌去触摸学生心灵最柔软之处，用诗歌越过讲台、越过学生的课桌，走进孩子们的心。

当朗读欣赏了日本金子美玲的《水和风还有娃娃》一诗后，郭老师让学生仿写"绕着全世界 / 轱辘轱辘 / 转圈圈的是谁呀？ / 是风"。孩子们创作的诗，太美了。

课后，郭老师和听课老师们进行交流时说："我上这节课，不是为了培养作家，更不是为了培养诗人，而是为了引导儿童学会在生活中观察、思考、想象，并从中学会表达。让孩子爱上诗。也许，不经意间，有一两颗诗的种子会在 20 年后发芽、开花。我上这节课，还想传递，诗是美好的，生活不能没有诗。"课后，郭老师在她的微信朋友圈中写道："我一直希望自己是 / 诗歌园子里 / 那个执著的守望者 / 用童话的方式 / 把每颗诗歌的种子唤醒"。

郭老师的课有张力。她用浅浅的儿童诗，让学生走进诗的海洋。著名教育家奥苏伯尔说："假如让我把全部教育心理学仅仅归结为一条原理的话，那么，我将一言以蔽之曰：影响学习的唯一最重要的因素，就是学习者已经知道了什么。要探明这一点，并应据此进行教学。"无疑，郭老师就是属于领悟了教育心理学真谛的一位老师。一位精神富裕、专业化程度高的老师，她能以自己特殊的职业眼光，发现课程的引人入胜之处，以最简洁的线条，拉动最丰富的信息，以最轻松的方式，让学生得到最有分量的收获；能从最接近学生现在的起点，带领他们走到离自己最远的终点。郭学萍就是这样的老师。

我一直不敢动笔描述郭老师的《不可思议的旅程——儿童诗》课堂，因为那天我没有带摄像机和录音笔，我甚至听课听到沉醉处，连听课记录都没有写。然而，时隔两个多月，在三角梅绽满春天的云南，郭老师和孩子们为我们开启的美妙的诗歌之旅，依然历历在目。

在诗歌里，与您相遇是如此美妙。长辫子老师让我知道了什么是好课，什么是好老师，什么是好语文老师。行文至此，我想用郭老师的一首小诗结尾：

我一直在想

理想的班级应该是什么模样

它应该像大海一样没有篱藩

它应该像星空一样神秘浪漫

孩子们在这里

像云一样自由徜徉

像苹果树一样快乐生长

我一直在想

理想的教师应该是什么模样

她的心中应该装满炽热的理想

就像装满了星星的糖罐

就像装满了彩石的海滩

她会用爱与诗歌的力量

把孩子们带到梦想可以抵达的地方

起承转合皆有情　信马由缰都是歌

——郭学萍《我的第一本提问书》课堂实录及赏析

....

起——启发想象

师：今天咱们不上课、不学习，我只负责带大家玩，开心不开心？

生：开心。（笑作一团）

师：谁会写"玩"这个字？

（学生板书"玩"）

师：哇，写得真好。我这里有各种颜色的粉笔。小朋友们，你们愿意上来写"玩"字的，都上来写。

（学生纷纷挤到前面，在黑板上写下大大小小、高高低低、五颜六色的"玩"字。）

师：哇，好多"玩"，看了开心吗？

生：开心！

师：黑板上这么多"玩"，看着看着，你觉得像什么啊？

生：好像一群小鱼。

师：一群小鱼在哪里玩？

生：在池塘里。

师：一群小鱼在清清的池塘里快乐地玩。还像什么呢？

生：像彩色的泡泡。

生：像天上的星星。

生：像一群人。

生：像海滩上的贝壳。

师：是啊，潮水退了，海滩上有许多五颜六色的贝壳。(师随手勾勒出一个海滩，并写下"想象"两个大字。)你们看，因为有了想象，"玩"字不再是"玩"了。它变成了天上的一群小星星，变成了海滩上的贝壳，变成了在海滩上晒日光浴的一群游客，变成了清清荷塘里的一群小鱼。

(出示课件，生齐读。)

> 世界属于
>
> 让想象飞起来的孩子
>
> 还有，那些
>
> 不愿长大的成人
>
> ——长辫子老师

点评： 走进"长辫子"郭学萍老师的课堂，孩子们是自由的、无拘无束的。她让所有孩子都跑上讲台，在黑板上任意写"玩"字，奇迹就这样出现了。黑板上出现了一片由大大小小、花花绿绿、高高低低的"玩"字组成的美妙景象。老师顺势引导，孩子们的思维一下子就被打开了。郭老师信手一勾勒，顿时，这些"玩"字便像散落在沙滩上的五颜六色的贝壳。什么是好的教育？就是学生不觉得是在学习时，发生的学习。

承——埋下伏笔

师：上课前，我给大家看一样东西。（出示孔涵璋的日记）小朋友们，知道这是什么吗？

生：这是日记。

师：谁来读一读这则日记？

（个别学生读日记，略。）

师：这则日记有什么问题？

生：（自由发言）开头没有空两格；"今"字一点写错了；第一行的句号太大了；第二行"了"和句号跑到格子外面去了；最后一行结尾句号写太上面了……

师：小朋友们真能干！发现这么多不足。不过，没关系，日记写着写着，就慢慢有变化了。（继续出示孔涵璋的日记。看着日记一天天变漂亮，小朋友们连连称赞。）

师：（出示孔涵璋出版的《今天真开心——我的一年级日记》）小朋友们，你们看，孔涵璋小朋友刚开始写的日记，有那么多错误，可是，他一点儿也不灰心，坚持每天写日记，越写越好，写着写着，就写出一本书。出书容不容易呀？

生：容易。

师：等这节课结束时，长辫子老师会用魔法变出一样东西，你们相不相信？

生：不相信。（大家哄堂大笑）

点评：为什么要给孩子们出示孔涵璋小朋友的日记以及他出版的《今天真开心——我的一年级日记》？看似游离的一个教学环节，

其实暗藏着老师的玄机。一来，用最接近孩子们的事例，让小朋友发现一年级学生书写时经常犯的小错误。二来，埋下伏笔，为后面全班集体创作《第一本提问书》做铺垫。长辫子老师的魔法在哪里？给孩子们的思想火花设计一个盛放的衣钵，让孩子们从小就明白，原来写书并不神秘。

转——放飞想象

师：猜猜看，今天老师要带大家做什么？

生：教我们学习写日记。

师：我今天要带大家玩比写日记还有意思的东西。（出示课件：白色的课件背景，上面星星点点地分布着一些蚂蚁般细小的问号。）这是什么？发挥你的想象。

生：像天上的小星星。

生：像小蚂蚁。

生：像小蝌蚪。

生：像小雨点。

师：小雨点从天上落下来，我好像还听到小雨点咯咯咯地笑。你们听到了吗？

生：听到了。

师：还像什么？

生：像海边的贝壳。像小石子。像小草。像小蜜蜂。

师：小朋友们，接着往下看。（出示课件：白色的课件背景，细小的问号变成了大问号。）发挥想象，像什么？

生：像池塘里的鱼。

生：像花园里的花。

师：我们看到的是黑色，其实花儿有各种颜色。你都看到了什么颜色的花儿？

（生自由说，略。）

师：花儿不仅颜色不一样，名字也不一样。这朵叫？这朵呢？

（生自由说，略。）

师：在现实中，这些花不可能在同一个季节开，可是在童话的园子里，在想象的园子里，什么事都可能发生。来，我们继续看屏幕。（出示课件：一个超大的问号）

生：哇！

师：像什么？

生：像一个大人。

生：像一条大鲨鱼。

生：像一棵大树。

师：（出示课件：一页空白的屏幕）怎么回事？是不是一场大雪把所有的东西都盖起来了？发挥你的想象。

生：大树被龙卷风连根拔起，刮走了。

（教师出示刚才四幅图的变化）

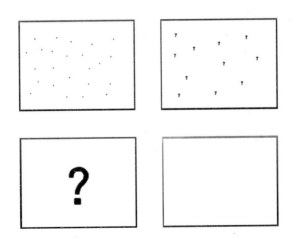

师：你发现了什么？

（生自由发言，略。）

点评："长辫子"郭学萍老师的课堂，课件极其简单。一张白底课件背景上散落着一些问号，问号由微小变巨大，最后变成空屏幕。就是凭借这么简单的课件，她却能给孩子们营造出一片广阔的原野，孩子们在她的引导下，信马由缰，放牧思想。听着她和孩子们的交流，犹如置身于一望无垠的草原，身心是那么的放松，思绪是那么的无拘无束。自由、惬意，任思想的骏马恣意驰骋。

合——迸发思想火花

1. 跳出课堂，让思绪飞扬

师：问号丢了，这节课我们就是要把问号找回来。（出示绘本《第一次提问》的封面）有一个人动作比我们还快，他找到了30个问号，并且把这30个问号变成一本书。想不想看看他的第一个问题？

生：想。

（教师出示课件：小鸟、小松鼠、小猫仰望天空的图片和问题。）

生：（读）今天你仰望天空了吗？

师：来，让我们和小松鼠一样仰望天空。你看到了什么？

生：我看到了蓝天、白云。

生：我看到了星星和月亮。

生：我看到了小鸟在天空中飞。

生：我看到了烟花。

生：我看到了从南方飞回来的大雁。

生：我看到了彩虹。

师：我们接着往下看。（出示绘本《云朵面包》的封面）两只小猫坐在房顶吃云朵面包。你们吃过云朵面包吗？想象一下是什么味道的？

生：甜的。

生：像棉花糖味的。

生：像草莓味的。

师：我们接着往下看。（出示绘本《月亮晚上做什么》的封面）月亮白天睡觉，晚上做什么？

生：帮太阳值班。

生：照顾星星宝宝。

生：画画，在天空中画出银河。

点评：听"长辫子"郭学萍老师上课，我会想到另外一个词"酝酿"。思想的铺垫，情感的积蓄，思维火花的点燃，需要一个过程。这个环节的设计，郭老师就是在铺陈、酝酿。

2. 超越现实，让生活诗意浪漫

师：我奇怪得不得了，为什么乌云里落下的雨，却闪着银色的光？这也是问题哦。接着往下看。（出示《第一次提问》中的第二个问题：风，又是怎样的味道？）你们把手伸出来、张开，风从指缝中穿过。轻轻地握紧手掌，放在鼻子下闻一闻，你闻到了什么味道？

生：酸味。（笑声一片）

师：哦，我明白了，你刚刚吃过草莓，手上留着草莓酸酸的味道。还有什么味道？

生：咸味。（又是一片笑声）

师：哦，我明白了，是海水的味道，咸咸的。还有什么味道？

生：臭味。

师：哦，我明白了，是榴莲的味道，臭臭的。还有什么味道？

生：苦的。（大笑）

师：哦，我估计是你们家什么东西烧煳了。小朋友们，让我们再次把手掌打开，让风穿过我们的指缝，风里有咸咸的海水的味道吗？风里有做游戏时快乐的味道吗？风里有生气时忧伤的味道吗？

（学生若有所思，似有顿悟。）

点评： 整节课，这个环节的对话最好玩了。握紧手掌，孩子们闻到的是手心里汗的酸味。郭老师说："哦，我明白了，你刚刚吃过草莓，手上留着草莓酸酸的味道。"孩子们说是咸味，郭老师说："哦，我明白了，是海水的味道，咸咸的。"孩子们说是臭味，郭老师说："哦，我明白了，是榴莲的味道，臭臭的。"好玩源于老师的机智；好玩源于老师的诗意；好玩源于在老师的引导下，孩子终于跳出现实，开始了思想的自由驰骋。

3. 沉浸情景，唤醒创意的精灵

师：（出示图片：屋檐下的铃铛）此时此地，侧耳倾听，你听到了什么？

生：我听到了风铃的声音。

生：我听到了雨沙沙沙的声音。

师：下过雨后的屋檐，果然适合风铃，你听到叮叮当当的歌声了吗？

生：听到了。

师：（出示图片：蝴蝶停歇在一朵紫花上）蝴蝶和紫色的小花是最好的朋友，你听到它们在说悄悄话了吗？

生：听到了。

师：谁来演一演？一个小朋友当紫色的小花，一个小朋友当蝴蝶，她们会说什么悄悄话呢？

（学生表演）

生甲（扮演蝴蝶）：你好，紫色的小花。

生乙（扮演小花）：你好，美丽的蝴蝶。

生甲：我想找你玩，你有时间吗？

生乙：我有时间。我们玩什么呢？

生甲：玩你。（大家哄堂大笑）

师："玩你"是什么意思？哦，我明白了，你是想说"我想和你一起玩"，对不对？（生甲点点头）

师：（出示图片：小女孩在雪地里捏雪球）雪花最怕痒痒，你听到它们咯咯咯的笑声了吗？

生：听到了。

师：（出示图片：细雨中小青蛙躲在叶子下）一只青蛙在树叶下躲雨，你听到它焦急地叹息了吗？它在说什么呢？

生：雨快点停吧。

生：雨下小一点吧。

师：它想干什么去？

生：早点回家。

生：它想去捉害虫。

生：它想尿尿。（大家哄堂大笑）

师：我的天呐，我怎么也想不到青蛙着急是想尿尿呀。

点评：孩子是生活在童话里的，孩子的心里住着诗的精灵、创意的精灵。老师的职责是带着孩子在童话的世界里游走，唤醒孩子心里的精灵。郭老师让孩子们侧耳倾听，让孩子们表演蝴蝶和小花的对话，让孩子们想象青蛙会说什么，始终让孩子们沉浸在童话的世界里，沉浸在想象的世界里。这期间，孩子们的表达或许会出现我们意想不到的尴尬——玩你，但老师是游走于童话与现实间的，巧妙地点拨，便让错误成为一种资源。听郭老师上课，我们感佩于她的敏锐与机智。

4. 述诸笔端，让思维火花美丽绽放

师：（出示绘本《第一次提问》节选）这本提问书中，有的问题是看到的，有的问题是想到的，有的问题是闻到的，有的问题是听到的。你的小脑瓜里是不是像小金鱼吐泡泡，有许多不可思议的问题呢？这些问题可能是天上的，可能是地上，可能是家里的，可能是学校的，可能是动物的，可能是植物的，等等。什么问题都可以问。你能挑选一个心中最想问的问题，把它写下来吗？

（分发课堂练习纸。学生独立写自己心中最想问的问题。教师巡视，并将学生的课堂练习纸收集整理好。）

师：现在老师要变魔法了。

（教师取出一个事先做好的封面，把学生的课堂练习纸夹进去，进行装订。一本集体创作的《我的第一本提问书》诞生了。教师板书"书"，随后逐个朗读学生的提问，并和学生进行互动交流。）

（1）都说千年王八万年龟，为什么我养的乌龟一天就死了呢？

（2）为什么鱼儿睡觉时还睁着眼睛？它可以当我的坐骑吗？

（3）小鸟为什么总是飞？它不觉得累吗？

（4）为什么恐龙会灭绝？我的玩具恐龙是不是它们变的？

（5）我的玩具士兵，12点以后真的会列队出行吗？

（6）为什么每天都有作业？

（7）小鱼儿有老师，它们的老师会让小鱼儿做作业吗？

（8）蚂蚁会说话吗？它们会说我的坏话吗？

（9）爸爸妈妈为什么总是低头玩手机？他们记不记得还有一个儿子呢？

（10）天上会下金币雨吗？

……

师：这是咱们班集体创作的《我的第一本提问书》。同学们，你们每人都可以独立创作一本属于自己的提问书。（出示范例）你们看，这也是一本一年级小朋友创作的提问书。这本提问书，不仅有封面、封底，每个问题还都配了插图。这种有图有字的提问书，也就是绘本。（板书：图画、文字加图画）

点评： 老师的魔法出现了，前面的起承转合，前面的反复酝酿，为的就是让孩子们经历集体创作《我的第一本提问书》。当郭老师把孩子们的课堂练习纸夹入事先准备好的封面，并装订成册时，孩子们惊奇地发现，原来写书竟然这么简单。听着孩子们天马行空地提问，我们都十分惊讶，这是才刚走进课堂的一年级学生吗？一年级的孩子怎么能提出这么多深刻、耐人寻味的问题？听着郭老师逐个朗读孩子们的问题，听着孩子们欢乐的嬉笑，我仿佛有一种品尝千年陈酿般的沉醉。没有郭老师的起承转合的反复酝酿，孩子们的创意火花是不会也不可能迸发的。

思想放牧　生命放歌

这是郭学萍老师在天津某小学上的一节一年级创意作文课。郭老师是创意写作的歌者与行者。她将自己多年来的"创意写作"实践凝聚成一套12册的"小学创意写作"丛书，这套丛书参考了人教版、苏教版、北师大版、语文社版以及台湾习作教学5套教材中的写话、习作和口语交际的编排内容。创意写作，通过激活儿童的情感体验，勾连儿童的生活经历，触动儿童的表达神经，点燃儿童的思想火花，唤醒儿童的想象力，进而使他们产生喷薄而出、不吐不快的述求，产生一定要给心灵一个说话的机会。在这样的一种氛围下，孩子们对写作就会产生浓厚的兴趣，表达就会倾泻而下、一气呵成。从这个意义上说，创意写作是直抵心灵的写作，是心灵放歌。它为孩子们打开一扇看世界的新门，是一场盛大的情感与思想的旅行，是通过语言来思考、澄清生命的价值和意义；它让孩子们在习以为常的习惯中，学会发现清晨染上红光的地平线，是用太阳花、微笑和七颗星星的夜晚交换一本薄薄的诗集……

走进郭老师的《我的第一本提问书》观摩课之前，我和其他老师一样，都有一个疑惑：一年级的小朋友，连识字、写字都还没有过关，写话还没有起步，怎么让孩子们创作图画书？而且，据说郭老师要带孩子们创作整本的图画书。这让大家甚是好奇。带着这样的疑惑，我和老师们一起观摩了她的这节课。

听罢这节课，我们都被她和孩子们富有情趣的交流，充满智慧的言语火花感染了。整节课，她不仅给孩子们思想自由驰骋的广阔原野，给孩子们带去快乐，也给我们留下惊叹、惊奇与惊喜。我们不禁感慨：怎么孩子到了她的课堂里，个个就会变得像诗人、像精灵、像小小哲学家了呢？透过她的这节融合了口语交际、写话与创新思维培养为一体的"创意写作课"，我看到了一位具有大智慧的教师。

| 大道至简 |

走进郭老师的创意写作课《我的第一本提问书》，我最直接的感受是大道至简。郭老师凭借几张散落着问号的课件，把孩子们带入繁花似锦的童话世界；凭借同龄人孔涵璋小朋友的日记《今天真开心——我的一年级日记》，激起孩子们心之向往的渴求；凭借日本长田弘的《第一次提问》图画书，给孩子们一个思想放牧的原野。她的课，有起承转合的流畅，没有环环相扣的匠气；她的课有高潮迭起的精彩，没有步步为营的预设；她的课有惊喜不断的生成，没有循规蹈矩的标准答案。走出她的课堂，你会有一种我也要这样去上一节课的冲动。为什么？因为她的课简约可学。当然，简约不等于简单。大道至简的背后，其实暗藏着许多玄机。首先，走进课堂，你要把自己放下，变成一个不愿长大的成人。上着上着，老师不见了，你变成孩子中的一员，幼稚着孩子的幼稚，天真着孩子的天真，单纯着孩子的单纯。其次，你是一名思想的牧者。走进郭老师的课堂，你会发现孩子们信马由缰的背后，是以老师厚实的文化积淀做基石的。郭老师说："你别看我谈笑风生的，其实，学生的每一个思想火花，我都有衣钵去盛放。这个衣钵是什么？是我千百本的图书阅读后的积淀。"

| 大智若愚 |

走进郭老师的课堂，师生和听课者常常会笑声不断。面对学生的行为拘谨、思维僵化以及令人惋惜的"中规中矩"，郭老师常常用她独有的"大智若愚"去化解，去提升，常常会收到化腐朽为神奇的效果。你看，老师让学生轻轻地握紧手掌，放在鼻子下闻一闻，问他们闻到了什么味道，学生竟然说闻到的是"酸味""咸味""臭味"。孩子们多么实诚。为什么是酸味、咸味和臭味？孩子们手心里有汗，汗水在手心里积久了，可不就是酸酸的、咸咸的、臭臭的吗？郭老师不急不恼，故意惊讶地说："哦，我明白了，你刚刚吃过草莓，手上留着草莓酸酸的味道。""哦，我明白了，是海水的味道，咸咸的。""是榴莲的味道，臭臭的。"经她这么一点拨，孩子们开心得不得了。他们一下子觉得，哇，我真了不起，说出那么有"味道"的想法。

课堂上，有两个孩子表演蝴蝶和紫色的小花对话，一个孩子问"我们玩什么呢？"另一个孩子说"玩你"。我们都明白，"玩你"这两个字，显然说得极为不妥当。郭老师听了，故意装糊涂，说："'玩你'是什么意思？"一下子就把大家都逗乐了。等孩子们乐过之后，她又问："你是想说'我想和你一起玩'，对不对？"孩子点点头。郭老师的故意装糊涂，其实是一种高明的延时评价。她这样一糊涂，不仅教会了表达者，还教会了所有聆听者。何为教师的课堂智慧？教师的课堂智慧表现在如何把学生托起来，老师要"俏也不争春，只把春来报"。如果教师牵着学生走或是推开学生自己往前走，那都是不智慧的。听郭老师上课，我时时能感受到她那看似糊涂，看似满脸疑惑的单纯，其实，她比谁都清楚孩子们的言语问题，孩子们的词不达意。

大教无痕

郭老师的创意写作课更让我惊喜的是，她立足语言，立足语文，却站在了更高、更宏大的视野来进行言语实践。这个更高、更宏大的视野就是培养学生的核心素养。《我的第一本提问书》一课，郭老师不仅仅是通过一节课，让学生经历集体创作一本图画书的经过，更重要的是，她通过启发、唤醒，激活了孩子们沉睡在心灵深处的创意火花、创新思维。教育的本质是唤醒。郭老师的创意写作课之所以站位高，就在于她是着眼于学生科学精神、实践创新以及质疑能力培育的。什么是好的教育？学生不感觉到自己在受教育时接受的教育。郭老师的《我的第一本提问书》一课，就营造了这样一种氛围。

因为有孔涵璋小朋友的日记《今天真开心——我的一年级日记》，长田弘的《第一次提问》，以及老师变魔法般为孩子们装订的集体创作《我的第一本提问书》做示范，我相信，走出课堂，孩子们的心里一定埋下了一颗种子——我要去创作一本属于自己的提问书。我也相信，走出课堂，孩子们面对生活中的种种，一定会更加好奇，一定会更加爱问为什么了。郭老师的课的可贵之处就在于，让一群只知道埋首做作业的孩子，学会了抬头仰望星空。

起承转合皆有情，信马由缰都是歌。郭学萍老师是孩子们思想放牧的行者，更是孩子们生命放歌的歌者。她用诗歌与创意行走在写作教学的创新路上，为我们开启了一条通往语文教学春天的通道，带着我们走向诗和远方。

第 二 辑

研究出智慧

陈鹤琴是中国著名儿童教育家、儿童心理学家，中国现代幼儿教育的奠基人。他以儿子为研究对象，开展儿童心理研究被世人广为称颂。1920年12月26日凌晨，他的儿子降生，初为人父的陈鹤琴来不及兴奋，就拿着相机，对着襁褓中已经熟睡的婴儿连连拍照，然后在本子上记录婴儿的每一个反应。他对自己儿子的成长发育过程进行了长达808天的连续观察，并用文字和照片详细记录下来，写就中国第一本儿童心理学研究专著《儿童心理之研究》以及《家庭教育》等著作。

　　教师的职责就是研究学生，长期不断地深入学生的复杂的精神世界。抱着研究的心态做教师，不仅能提高教育教学技巧，也能发现教育规律、儿童成长的规律，更能生长教育智慧。

教师是课程建设的关键

2001 年，我国开启了第八次基础教育课程改革。此次课改赋予全体教师一个非常重要的权利：教师既是课程的实施者，也是课程的开发者、建设者。教师可以根据不同地区、不同学校、不同学生的需求，开发与之相适应的课程资源。课程改革经过 20 年的持续推进，教师是课程建设的关键已经成为大家的共识。不论是国家课程、地方课程，还是校本课程，都必须依赖教师去实施。可以说，教师是决定着国家教育方针和培养目标能否落地的最后一环、最后一公里。

国家课程校本化离不开教师。根据课程纲要、课程标准编制的教材，不论是"一纲多本"，还是"一纲一本"，在实施过程中，都需要教师根据区域、学校、学生等实际情况做出调整，使课程更符合本校学生实际。这种校本化的调整，个性化的实施，离不开教师的智慧参与。这一普遍共识，毋庸置疑。要不然，国家制定课程纲要，编制相应的教材，然后在全国范围内挑选最优秀的教师录制教学录像供所有学生观看学习，岂不更好？之所以不这样做，就是考虑到全国各地的学情是千差万别的，就是为了发挥教师在课程实施中的建设作用。

校本课程研发离不开教师。学生是千差万别的，是活生生的个体。过去，我们往往用一种方式去教育千百万个个性不同的学生，或者用不同类别的教育去满足不同类别需要的学生，而今天和未来，我们必须根据学生的个性需求，用适切的方式去对待每一位学生。也就是说，义务教育在做好基础性、全面性和公平性的基础上，我们要关注选择性，要把差异化、个性化教育，促进学生全面而有个性的发展作为重点。要实现这样的目标，我们就要因地制宜、想方设法开发一些能满足学生个性发展需要的校本课程，而教师就是开发这些校本课程的主力军、核心。近年来，全国各地中小学在探索校本课程、拓展性课程等方面，取得了许多重大的实践性成就，许多教师在开发、建设校本课程的过程中，得到了快速成长与发展。用一句形象的话来说，国家课程校本化是课程的纵向发展，校本课程多样化是课程的横向发展。在课程纵向、横向发展过程中，起关键作用的是广大教师。

教育高质量发展要求教师要能建构自己的教师课程。著名教育家朱小蔓指出，时代和科技的发展对教师的能力与素养提出了巨大的挑战，只会统一化、标准化教学的老师，不远的未来可能会被互联网取代而"下岗"，只有有独特魅力的老师才符合未来教师的标准。我对"独特魅力"的理解就是，教师要有能力建构属于自己的"教师课程"。著名特级教师孙双金说："一个好老师，不仅能教好国家课程、地方课程和校本课程，还能建构自己的教师课程。"用一句通俗的话来说，普通老师和好老师之间隔着一个"课程领导力"。

在一些教师的观念里有个认识误区，认为课程开发与建设是专家的事，是课程顶层设计者的事，或者总希望优秀教师把课程开发好，他负责去实施。这种想法与认识，就是缺乏课程建设意识的一种表现。每位教师的个性、特长不同，学科背景也不同，应该结合自身优势，将自己的长处与课程开发有机结合，建构教师课程，成为校本课程中的精品。我就认识这样一位体育教师：他大学里学的专业是足球，成为一名小学体育教师之后，他的专长在学校足球特色创建上有了用武之地。在带校足球队的过程中，他摸索出踢足球从入门到形成技能再到成为足球小运动员的系列课程，在此基础上，编辑出版了一套小学生足球训练教材。这套教材因为是他长期摸索实践总结出来的，因此特别适合小学生使用。由于他训练得法，经他指导的足球队很少有比赛失利的。很快他便成了学校的"品牌"，学校也因为他成了一所赫赫有名的全国足球特色学校。"自身特长＋足球教材"，他成了学校不可替代的一位优秀教师。这位教师就是典型的具有"教师课程"的好教师。

第八次基础教育课程改革赋予了教师课程自主权，教师有了课程设置的"自留地"，给一线教师提供了一个开放的空间。为此我们更应该努力建构属于自己的教师课程。如果你是一名科学教师，完全可以把种植、养殖等劳动教育与自己的学科教学相结合，建构一门"科学＋劳动"课程；如果你是一名班主任，完全可以把中国共产党党史、革命传统等内容与自己执教的"道德与法治"结合起来，建构一门"红色基因＋道德"课程；如果你是一名音乐教师，完全可以把传唱经典革命歌曲与自己的课堂教学结合起来，建构一门"余音绕梁＋创作背景"的美育课程；等等。

下面，我以自己开发的"跟着古诗词游中国"课程为例，简单说一说，我们如何来设计一个特色课程。中国是一个诗的国度，古诗词是中华优秀文化殿堂的瑰宝。弘扬中华优秀传统文化，让学生积累背诵古诗词是语文教师的一项重要工作。但如果只要求学生死记硬背，学生一定很反感、没兴趣。有什么巧妙的办法把学生引入古诗词的海洋呢？我就想到了一个好办法：给学生讲一个与某一首诗相关的有趣故事，让学生先津津有味地听一个故事，然后再引出要积累的诗词。这个"有趣的故事"就像一层糖衣，要背诵的"古诗词"就像糖衣下面的药片。如果把上面这个步骤看作是课程设计的第一环节，第二个环节就是找到一条线，把"故事＋古诗词"这一颗颗珍珠串起来，变成项链。我以长江流经的城市为线索，领着学生溯流而上，选取30个有代表性的城市，选取的古诗词和故事都要与长江以及这个城市有关联，串成"跟着古诗词游中国之长江篇"。这样一来，学生积累古诗词不仅有了故事这层糖衣，还有了一条关联的线索——长江，孤零零的知识就变成了一门课程。这样就算开发好了一门课程了吗？不是的。有了下面两个环节，课程才算比较完备。古诗词和故事与长江、城市有关，这个城市有哪些特点，有哪些风土人情呢？除了这首古诗词，这个地方还有哪些有名的诗篇呢？把古诗词积累与祖国大好河山的风貌介绍相结合，单纯的语文学科学习一下子就上升至综合性的跨学科学习。另外，为什么要开发"跟着古诗词游中国"课程呢？通过这门课程，将传统文化与热爱祖国大好河山教育相融合，爱国主义教育一下子就变得丰满、立体、可知可感，民族自豪感、文化自信感就会油然而生。完成上述这些过程，才是真正意义的建构了一门课程。后来，随着研究的深入，我们不仅开发了长江篇，还开发了黄河篇、边塞篇、名山篇、名城篇、亭台楼阁篇。可以这样说，只要我们有课程开发的意识，并能把它与自己的专业特长、新时代发展要求、学生个性发展需求等结合起来，每位教师都能建构属于自己的独一无二的课程。

总体而言，我国中小学教师与西方发达国家的教师相比，在课堂执教能力上，优于西方国家，但在课程建设上，我们略显不足一些。这与长期以来，我们国家不仅给教师提供课程纲要，还给教师提供教材有很大关系。西方一些国家只提供课程纲要，至于教什么、怎么教，需要教师自主建构。也就是用什么教材教学生，需要老师自己去开发、建设。第八次基础教育课程改革实施后，国家课程、地方课程只占总课程的 70% ～ 80%，为学校、教师留下了 20% ～ 30% 的校本课程空间。这个空间，就是要充分发挥教师课程建设的积极性、自主性与创造性。因此，我们要围绕"立德树人"这一根本任务，根据学生全面而有个性的发展需求，基于学校、教师实际，研发出富有特色的校本课程、活动课程、特色课程，供学生自由选择，最大限度地满足不同兴趣和潜质的学生发展需要，切切实实做好差异化、个性化教育。而这些美好设想的达成，关键看教师的课程建设能力。可以毫不夸张地说，一所学校是否具有可持续的竞争力与发展后劲，关键取决于这所学校的老师建构"教师课程"能力的高低。朱永新教授指出，未来将不是学校品牌的竞争，而是课程品牌的竞争。课程为王，将是未来的发展方向。

教师的课程领导力决定着教师自己面向未来的教育胜任力，决定着学校面向教育现代化的竞争力，决定着学生全面又有个性发展的生长力，决定着国家教育高质量发展的世界影响力。

一门校本课程诞生记

....

2020 年 12 月 23 日，从重庆传来一个好消息，我们报送的"'跟着古诗词游中国'校本课程开发与实践"课题，经过现场答辩、专家组鉴定，荣获教育部基础教育课程教材发展中心最高等级——优秀。2021 年 6 月，我们的校本课程"跟着古诗词游中国"在宁波市第九届义务教育精品课程评审中荣获一等奖。双喜临门，我们学校的语文教研组全体成员激动不已。回顾这门校本课程开发走过的九年历程，有停滞不前的迷茫，有豁然开朗的欢喜，也有成功突破的激动。

一个故事——产生一个金点子

在中华文明这座珍宝馆中，唐诗宋词是一座巍巍丰碑，它计数着中华文明的历史遗产；唐宋文学又是一顶灿灿王冠，缀满了浓缩中国文学智慧的奇珍异宝。让小学生诵读、积累唐诗宋词，是绝大多数语文老师都会做的一项常规。在带着小学生吟唐诗背宋词的过程中，我发现有些学生会很厌烦，缺乏兴趣。怎么激发他们的兴趣，让他们爱上唐诗宋词呢？有一次，背诵《赠李司空妓》之前，我给孩子们讲了一个刘禹锡与李绅的故事，有了故事这个"糖衣炮弹"，孩子们不仅很快会背诵了，而且热情高涨，嚷嚷着让我再给他们讲故事。

受此启发，我想，既然孩子们对故事这么有兴趣，以后积累、背诵古诗词，我就先给他们讲故事，来个"糖衣炮弹"。"文包诗""故事包诗"就成了我领着孩子们积累、背诵古诗词的标配。比如王勃创作《滕王阁序》的故事，比如李白是怎么写出《赠汪伦》的，比如刘禹锡创作《乌衣巷》的故事，等等。为了搜集有关故事，我四处查询，翻阅各种典籍，有的时候，实在找不出吸引人的故事，我就根据有关资料自己创编。时间一长，"听故事积累古诗词"成了孩子们特别喜欢的每周一课。几年下来，我也积累了许多"文包诗"故事。

一个讲座——产生一个灵感

2012 年，我们有幸请到了小学语文青年才俊丁慈矿老师给老师们做讲座。他在讲座中，给我们谈了许多让语文变得有情趣的策略。其中，集邮背古诗词给了我极大的启发。他是一位集邮爱好者，语文课上，他经常向学生们展示邮票，介绍邮票上的山水，然后领着孩子们背诵相关的古诗词。他还把长江两岸的山水邮票，按照长江流经的省份排列起来，顺流而下，边欣赏山水风光，边背诵古诗词。

听他这么一介绍，我突然产生了一个灵感——珍珠串项链。我给孩子们讲了那么多"文包诗"故事，积累了那么多古诗词，但这些古诗词就像散落的珍珠，我需要找到几条丝线，把这些散落的珍珠串起来，变成项链才行。第一条丝线就是长江，沿着长江，溯流而上，选取长江两岸有代表性的城市，把和这些城市有关的古诗词筛选出来，将这些和长江有关的"文包诗"连缀起来，第一条"项链"就这样诞生了。第二条丝线是黄河，我们采用顺流而下进行。

仅仅两条"项链"是远远不够的，因为浩瀚的唐诗宋词，绝不仅局限在长江、黄河两岸。后来，我们经过头脑风暴，又找出了四条丝线：名山、名城、边塞、亭台楼阁。有了这六条丝线，古诗词积累、背诵，就由"珍珠"走向"项链"了。六条丝线编织出的这张网，虽然还不够严密，还不能将中华古诗词一网打尽，但至少也能打捞出相当一部分适合小学生积累、背诵的古诗词名篇了。

一个团队——产生一门校本课程

找出长江、黄河、名山、名城、边塞、亭台楼阁这六条丝线，相对来说，还不是最难的，最难的是怎么找到这根丝线上的"珍珠"。因为浩瀚的中华古诗词，数量多，资料庞杂，要掏出最亮的"珍珠"，无疑是大浪淘沙、沙里淘金。为此，我们发动学校全体语文老师，发挥语文教研组的集体力量，顺着这六条线，一起寻找、筛选、梳理适合小学生背诵、积累的古诗词，一起寻找与古诗词相关的典故、名人轶事。

作为一门课程，如果仅仅是"文包诗"，显然太单薄，显然还没有跳出"学科"的窠臼。既然是课程，必须从"学科人"走向"教育人"，从学科素养走向综合素养。为此，我们讨论了两个问题：一是为什么要创编这门校本课程？二是六条丝线上的每个站点，除了"文包诗"之外，还应该有什么？

我们学校整个语文教研团队，在无数次头脑风暴、集思广益之后，慢慢地明晰了一个目标。创编"跟着古诗词游中国"这门校本课程，就是为了践行习近平总书记弘扬中华优秀传统文化指示精神，就是为了贯彻落实教育部《完善中华优秀传统文化教育指导纲要》，就是为了贯彻落实中共中央办公厅、国务院办公厅《关于实施中华优秀传统文化传承发展工程的意见》，对少年儿童进行"文化自信"教育，从而实现立德树人的根本任务。

经过数年无数次的调整、增删，六条丝线，我们编排了 20 ~ 30 个旅行站点。每个站点的第一部分是"说古道今"，介绍这个地方的地理位置、著名景观、风土人情。第二部分是"流芳百世"，夸赞一位与此地有关联的诗人。第三部分是"经典诵读"，重点推送一首经典的诗词，这首诗词必定要与此地有关，而且难易程度是适合小学生的；为了便于小学生自读，古诗词不仅有注音、注释，还有精美的翻译。第四部分是"奇闻轶事"，这一部分是我们撰写的动人故事，这些动人的故事或是诗人在此地写此诗的典故，或是此地著名景观流传下来的传说。第五部分是"拓展链接"，链接几首写此地此景的古诗词。这样一来，我们这门课程就完全跳出了语文学科，变成融合地理、历史、人文等多学科的综合育人课程。

我们以经典古诗词为媒介，以动人的故事为导引，把祖国各地的壮美山河、人文景观、风土人情等内容用一条条有着内在联系的线索串联起来。小学生在阅读这套"跟着古诗词游中国"校本课程读本的过程中，伟大祖国的风貌就会变得丰满、立体、可知可感，民族自豪感就会油然而生，爱国主义的情怀就会植根心底。习近平总书记强调："青少年阶段是人生的'拔节孕穗期'……最需要精心引导和栽培"。这套"跟着古诗词游中国"校本课程读本，就是为了帮助青少年扣好人生"第一粒扣子"。"读万卷书，行万里路"，研学旅行先从书本上开始，然后走进美丽中国的山山水水。把优秀传统文化积累与爱国主义思想教育结合起来，把古诗词欣赏、积累、背诵与历史、地理知识学习有机融合在一起。课程的目标一下子就明晰了，课程定位一下子就提高了。

前后经历九年有余，我们研发的"跟着古诗词游中国"校本课程华丽绽放，课程读本也将于 2023 年结集出版，最主要的是，学生们古诗词底蕴更加深厚了，热爱祖国大好河山的情感更加丰盈了，民族自豪感更加强烈了。十年磨一剑，仗剑去远行。从"日月之行，若出其中；星汉灿烂，若出其里"的豪迈，到"江畔何人初见月？江月何年初照人？"的追问，从"戍鼓断人行，秋边一雁声。露从今夜白，月是故乡明"的思念，到"人有悲欢离合，月有阴晴圆缺，此事古难全。但愿人长久，千里共婵娟"的豁达，经典古诗词以其无限的魅力穿越时空，影响、感动、涵养了一代又一代的青少年。

用写作倒逼自己

    许多朋友碰到我，常常夸我，说我怎么这么能写，经常在报刊上看到我的文章。其实不然，在教育系统内，我并不算是一个"高产"老师。与周一贯、成尚荣、华应龙、何捷等老师相比，我简直就是"小巫见大巫"。之所以被朋友"谬赞"，估计是我优点不多，勤于笔耕算是可以拿出来夸的一个。不过用写作倒逼自己，确实是一条极佳的学习路径。

    2020 年 3 月，中共中央、国务院印发了《关于全面加强新时代大中小学劳动教育的意见》。《中国教育报》"中教评论"栏目的主编给我微信留言，问我愿不愿意就这个文件谈谈学习体会。说真心话，当时因为受新冠肺炎疫情影响，我每天忙着线上教学，根本无暇去学习，更别谈去思考、写体会。对着主编的留言，我迟疑了一会儿。我想，如果我委婉地拒绝，主编一定不会太在意，因为对于他而言，可约写的人不计其数，你不愿意承担这个任务，一定会有很多人愿意承担。对于主编而言，约谁写都一样。但对于我而言，如果拒绝，不仅错失了一次发表文章的机会，也错失了一次绝好的学习机会。这么一想，我便应承了下来。我把文件打印出来，逐字逐句大声地通读，又到教育部官网上去阅读与这份纲领性文件相配套的权威解读，然后上网查找有关文章进行通览。经过几个小时的恶补学习，我对这份文件慢慢地由懵懂到明晰，再到能提炼出自己的看法与观点。经过一段时间的酝酿，很快一篇一两千字的小评论就诞生了。

这几年，这类被倒逼着学习的例子不胜枚举。2018 年，教育部办公厅发布《关于做好预防中小学生沉迷网络教育引导工作的紧急通知》时，我被约稿写过评论；2019 年，中共中央、国务院发布《关于深化教育教学改革全面提高义务教育质量的意见》后，我被报社编辑约过稿；2021 年，中共中央办公厅、国务院办公厅印发《关于进一步减轻义务教育阶段学生作业负担和校外培训负担的意见》后，我被催过稿……我非常感谢报刊的编辑老师，没有他们的约稿，或许我对这些政策法规也和大部分老师一样，只是浮光掠影地了解一下，不会去深度阅读，不会做深刻思考。正因为有了他们的约稿，才逼迫着我去细读深究，才促使我对这些问题的思考比其他老师更深入一点。这种任务驱动式学习，对于像我这类比较被动的老师而言，是十分管用的。

写作不仅是很好的学习方式，更是很好的进步方式。在我的电脑里存放着许多这样的文件包——以文章题目命名，点击进去是一个个文档，文档名称前面标注着第一稿、第二稿、第三稿……近一二十年来，我发表了近 300 篇文章，只有极少一部分文章是编辑老师一次就审核通过，不需要我修改的。大多数文章都经历了反复修改，有的甚至完全重写后才被采用。写文章从无到有并不难，难的是写好后被否定需要重新写。因为当一个人就某个问题写好一篇文章之后，思维也在写文章过程中形成了一个定势。这时候，别人提出修改意见，要你重新写或大刀阔斧地进行调整时，你会非常痛苦。因为这个时候改动的不仅仅是语言，而是要打破固有思维。

偶尔，朋友们读到我在报刊上发表的文章，会给我发来祝贺的信息，有些认真阅读的朋友还会给予我表扬与赞誉。这个时候，我常常会想起爱因斯坦和他的三只小板凳的故事。一次美工课上，爱因斯坦向老师交了一个很粗糙的板凳，老师拿起那个板凳说："世界上还有比这更糟糕的板凳吗？"爱因斯坦拿出两个更不像样的小板凳，说："这是我第一次和第二次做的，交给您的是我第三次做的。它虽然不好，但是比这两个强一些。"朋友们看到的是我文章发表的定稿，殊不知在发表之前，我经历了怎样一个完善过程呀。

写作助推着我进步。每次在修改文章时，这种感觉我体会得最真切。这种进步的奇妙感觉，没有切身经历过是很难体会到的。培根曾经说过："读书可以培养一个完人，谈话可以训练一个敏捷的人，而写作可以造就一个准确的人。"写好一篇文章后，经过别人建议、指导，反复修改完善的过程就是趋向准确的过程，这个过程更是助推我们成长的一条捷径。

我知道自己并不"高产"，也不属于才思敏捷的那类人。之所以能偶有文章见诸报端，全凭一份勤勉与不放弃。可以毫不夸张地说，我每一篇文章的发表，背后都有许多鲜为人知的故事。记得一个初冬时节，我和一群朋友约好到离家百里外的一个温泉度假区过周末。不承想，车子从家里开出不久，就收到一位编辑老师的约稿，让我赶写一篇文章，要求第二天早上 9 点前交稿。机会难得加上不便推却，我便应承了下来。车子开到温泉度假区，我一头扎进宾馆房间，开始写稿。为了完成写稿任务，原本打算好好泡一回温泉的计划就这样落空了。还有一次，我到贵州黔西南送教，下飞机打开手机，跳出一条短信，一位报社编辑让我围绕《深化新时代教育评价改革总体方案》写一篇评论文章。我到黔西南时已经是下午 3 点，当地接待方不仅安排了参观考察，晚上还安排了培训活动。等这些活动结束回到宾馆已经是深夜 10 点。奔波一天的劳累、疲乏，使我恨不得倒头就睡。但想到第二天一早就要交稿的任务，我只得打起十二分的精神挑灯夜战。从深夜 10 点一直写到凌晨 3 点，我才把一篇 2000 字的小文章写好。

一篇稿件发表背后的酸甜苦辣，这些痛并快乐着的逸闻趣事，如果我不说，是很少有人会了解、询问的。别人看到的往往是我在镁光灯下的高光时刻。其实，每篇文章背后都藏着许多"鱼和熊掌不可兼得"的艰辛与无奈。

写作于我而言，是一种极好的学习方式。因为要倾吐，你必须先吸纳；要吸纳，你必然去学习。写作也是一种极好的进步方式，语言表达是一项技能，只有常用，言语水平才能不断提高。同时，在写作过程中，我们的逻辑思维也会同步提升。另外，经常写文章，相对来说，我们对外界的敏感度会强一些、细一些。在我成长的过程中，我真切地感受到写作对我的倒逼、促进作用。这种成长方式或许对于那些和我一样属于被动型成长的老师而言，具有神奇的力量——它具有倒逼功能，它是一条任务驱动型的成长路径。

用写作丰满教育人生

....

作家朱自清，大家都非常熟悉，提起他，大家马上就会想到他写的《背影》《匆匆》等名篇。叶圣陶，同样是大家熟悉的，他是著名的教育家，中华人民共和国成立之后，还担任过教育部副部长、人民教育出版社社长等职。今天列举这两位大咖，主要还是因为他们都曾经当过中小学老师。朱自清先生写出名篇《匆匆》《毁灭》时，先后任职于浙江一师、浙江六师以及浙江省立第十中学。叶圣陶先生做过小学教员、乡镇小学教师，1916 年，进入上海商务印书馆尚公学校任教员，同时创作了童话故事《稻草人》。

回溯民国时期，你会发现许多当老师的大先生，他们不仅是老师，更是著述等身、成就卓著的大作家、大文豪。一边教书，一边写作，是他们的生活常态。以民国时期的大先生为例，我想说，教书、读书、写作更应该成为新时代每一位中小学教师的生活样态。

有的老师也许会说：能边教书边著书立说的毕竟是凤毛麟角，芸芸众生，我凡人一个，能把一门课教好，能把日常教学抓好，能把一届又一届学生带好，我已经心满意足，别无他求。如果有这样的想法，我倒要说说我的看法。我们每个人活在这个世界上，用通俗的说法，都有三条命。第一条命是自然之命，以生物的形式存在于世。这条命在什么时候结束呢？大概是在亲人朋友参加完他葬礼那一刻结束的。第二条命是社会存在。这条命大概是在不再有人提及他的名字，被世人遗忘时消亡。第三条命是精神存在。这条命存活在他留存于世的文字里，这条命是一个人存活于世最长的。从这个意义上说，我们每个人都应该想方设法留存一些文字在这个世界上。另外，中小学教师作为知识分子，成天与学生打交道，成天与文字打交道，边教书边写作，有利于更好地拿捏文字，有利于提高自己的执教能力。试想，一名游泳教练每天就知道让选手下水练习，自己从来不下水示范，这样的教练能教出世界一流的运动员吗？显然是不可能的。同样的道理，一名教育工作者每天只知道埋头教书，既不反思总结，也不操练文笔，久而久之，不仅对学生发展变化以及教育现象的敏感度、敏锐度会下降，变得麻木、无动于衷，而且思想的河流会变得干涸，言语会变得乏味、干瘪。

对于一名老师而言，可写的东西实在太多了，因为只要和孩子们在一起，看似重复的生活里，每天都有新鲜的东西。刚开始，我们可以写写教学札记，就像学生之间发生的趣事、打闹、别扭，哪怕课堂上学生的一次让你惊喜的发言，都可以成为我们教学札记的内容；可以写写自己教育教学的成败得失；可以写和家长交流、沟通交往中你的心灵感受。每年出版的教育类书籍中，有相当一部分都属于这种。除了教学札记，我们还可以写写论文、案例。教育是一门艺术，也是一门科学。对儿童成长规律、教育教学规律的探索是一项永无止境的研究，只要有一点点发现与掘进，都是有价值的。把这一点点发现与掘进用文字记录、描述、提炼出来，变成一篇篇论文、案例，都是功德无量的事情。除此之外，我们还可以写写儿童文学、诗歌、散文、小说，等等。试想，一名学生在读书看报时，无意间发现报刊上登着一篇自己老师的文章，那种惊喜与震撼，该是多么美妙啊！那一瞬间对学生的影响胜过你无数次喋喋不休的教导。

写作能让我们更好地把握教育规律，可以让我们少走弯路。这一观点，古今中外有许多专家学者都曾论述过，也普遍被广大教师接受。叶澜教授说："一个教师写一辈子教案难以成为名师，但如果写三年反思则有可能成为名师。"2002 年，朱永新教授在《走在新教育路上》一书中，面向中小学教师开出了一个"保险公司"。他说，如果一名老师能每日三省自身，写一篇千字文，坚持十年还成不了名师，可以到他那里索赔。20年过去了，我想，朱永新教授至今一定没有受理过"理赔"事件。原因很简单，一名老师，只要坚持边教书边写作十年，一定会和只教书不写作的大不一样，一定会在教师群体中冒出来，成为家长、学生心目中的好老师。坚持写作，会让你对教育教学规律的把握，对教育教学问题的洞察，对学生微妙情绪、心理的把控更加准确。你在施教过程中，就会采取更精准的措施，更有效的方法，更细腻的策略。自然而然，你对教育、对学生的把脉就更准确。

新时代，如何做一名好老师，如何不断超越自己与他人，我觉得有四条弯道超车的捷径，分别是读书、研发课程、熟练运用信息技术以及写作。其他三条捷径我已经撰文阐释过，今天我想就写作这条捷径多说几句。在我们身边有两类资源：一类是有限资源，比如评先评优、职称晋升、各类竞赛机会等。这些有限资源，不可能每次都能轮到你。如果一名老师过分关注这些有限资源，每一项都想得到，会活得很累。另一类是无限资源，比如做课题研究、撰写论文案例、写教育教学随笔等。这些无限资源，既没有人与你争抢，又永无极限。你只要不停下手中的笔，它永远为你敞开。随着时间的推移，写着写着，你就和别人不一样了。当你的课题一个接一个获奖了，当你的文章一篇又一篇发表了，慢慢地那些有限资源就会像铁屑一样被你这块"巨大的吸铁石"吸过来。我这样表述并不是鼓励大家追名逐利，而是一种分享的欢愉。试想一下，你写的课题、论文、案例等被别人引用了，被别人借鉴了，是不是会有一种莫大的幸福感、成就感？这种幸福感经常出现在你的日常生活中，你不就是在享受幸福的教育人生吗？

因为热爱写作，许多老师因此改变了人生轨迹。儿童文学作家中，有相当一部分原先就是中小学老师。鼎鼎大名的杨红樱，原先是成都人民北路小学的老师；汤汤原先是浙江武义县实验小学的老师；徐海蛟原先是宁波鄞州区一所小学的语文老师……这样的例子不胜枚举。他们现在都离开教师岗位，专事写作了。在小学语文界赫赫有名的何夏寿、蒋军晶、何捷等老师，不仅论文写得好，而且还投身儿童文学创作。他们创作的儿童文学作品，深受孩子们的喜爱。我承认，这些老师一定是教育教学水平高成就了他们的教育人生，但不可否认，这些老师因为热爱写作，他们的文章在广泛传播中，他们的经验在与同仁分享中，他们的教育人生变得更加丰盈了。因为爱好写作、勤于笔耕，因为著书立说、论著不断出版，教育人生变得更加精彩的例子很多，像于漪、邱学华、李希贵、华应龙、王崧舟……这些老师一边教书，一边笔耕，把自己做过的、做得好的教育教学经验说出来、写下来，他们就像璀璨的明星，闪耀在教育这片深邃的天穹。

有人说，读书是教师最好的修行。我想说，写作是教师最美的姿态。因为写作能让你变得更富有洞察力，写作能让你变得更加理性，写作能让你的思维变得更加缜密，写作能让你快速提升为师的本领，写作也是你过一个完整、幸福教育人生的最好方式。

我成长路上的三把金钥匙

回望我从教 30 多年的来时路，荆棘路上，留下一串或深或浅的脚印。路的左边是理想，右边是现实。曲折盘旋的路旁，矗立着一块块界碑。这些界碑上，有的镌刻着我专业路上的关键事件，有的镌刻着指点我迷津的关键人物，有的镌刻着影响我一生的关键书籍。回望这些界碑，哪些是可复制、可借鉴的经验呢？我想送给同路的年轻人三把金钥匙。

积少成多的力量

在小语界，提起何捷老师，几乎无人不识。他长得很壮，脑门锃亮，不断后移的发际线已然成为一个标准的大写"M"。几近"聪明绝顶"的他，上起课来，幽默诙谐、妙语连珠，课堂上常常是掌声、笑声不断。最令人称奇的是，从教 20 多年，他出版的著作已经超过 50 部。七八年前，一次偶然的机会，我有幸与他结识，并探求他成长的秘笈。他说："每天坚持写 1000 字原创文章。"听了他的话，我暗自思量，我做不到每天写 1000 字，500 字总可以吧。从那以后，我给自己定了一个规矩：每天坚持写作 500 字。

刚开始，我兴致极高，热情高涨，可还没坚持半个月，就有些吃不消了。繁杂的教育教学工作、学校管理事务，让我身心俱疲，我想：算了，算了，还是做一名普通老师吧，犯不着和自己较劲。但转念一想，别人几年、几十年都能坚持，我难道一年都不能坚持吗？每当我想打退堂鼓的时候，总会想起何捷老师，想起我国台湾地区的作家林清玄、日本作家村上春树。我用他们持之以恒的坚持勉励自己。写着写着，渐渐地我感觉自己语言流畅了，思路打开了，灵感多了，顿悟也有了。

　　几年积淀下来，我发现存放在自己电脑里的文章越来越多。我对这些文章进行分门别类。有一些是自己作为一名普通教师，对教育教学的认识与感悟。我将其汇集在一起，取名为"献给青年教师的成长秘笈"。后来，和华东师范大学出版社的卢风保老师反复沟通后，我决定将这些文章交由华东师范大学出版社结集出版，书名为《教师如何快速成长：专业发展必备的六大素养》。还有一些是自己作为一名基层学校管理者，对学校治理的零星体会。我将这些文章交给北京师范大学出版社，经过与编辑老师的多次沟通协商，《一位率真校长的教育哲思》就这样出版了。

　　每天坚持写作 500 字，让我感受到积少成多的力量，让我体会到厚积薄发的快感，让我尝到了"持之以恒"的甜头。聚沙成塔，集腋成裘，绳锯木断，水滴石穿，每天坚持写 500 字文章，让我看到了量变到质变的奇迹，让我真切体悟到不要用一个一个手指头去打仗，而要把五个手指握成一个拳头打仗才有力量的道理。我们每天写的 500 字，就像散开的一个个手指，写了一两年之后，要善于把它们组合成拳。

系统思考的习惯

　　"系统思考"被誉为 21 世纪的思维革命，是比"思维导图""六顶思考帽"和"金字塔思维"更为深入、有效、结构化的全新思维方法。彼得·圣吉在《第五项修炼》一书中，把"系统思考"作为最难修炼的一项，放在了最后。彼得·圣吉认为，系统思考是五项修炼的核心与灵魂。系统思考如此重要，然而，我们人类现有的主流思维模式并不擅长应对此类问题。

作为一名语文教师，怎样才能让自己养成系统思考的习惯呢？经过摸索，我找到了一个"笨办法"——表格式梳理教材。找一张大白纸，横栏中填写单元名称，竖栏里填写教材的册数，逐册逐课阅读教材，一边读，一边把每篇课文的题目写在相对应的单元格子里。读完 12 册教材，填写完这张大表格之后，再把这张大表格往墙上一贴，站在表格前，我就像一个军事指挥官面对一张作战地图——有一种运筹帷幄之感。这种感觉，只有自己一课一课读过，一笔一画写过，才会真切体会到。

当我第一次把 12 册教材每个单元的语文要素、每篇课文的题目摘抄在这张大表格中时，我心中的顿悟超过了几年的学习所得。通过这张表格，我知道教材里什么时候出现成语故事，什么时候出现寓言故事；通过这张表格，我明白第一首词出现在哪一册哪一个单元，第一篇科普文出现在哪里；通过这张表格，我知道了小学 12 册教材中安排了多少篇神话故事、童话故事，安排了多少篇科普说明文、多少首古诗词。有了这样整体的认识以后，当我面对其中某一篇课文时，我就会非常清晰地知道它所处的地位，这样一来，我对这一篇课文的目标定位会更加准确。在这张大表边上，我还制作了许多小表格。譬如，把三到六年级的习作训练内容整理在一张表格中，进行对照；把口语交际的安排整理在一张表格里，进行比较。

有了这种系统思考的习惯以后，我发现自己研读文本的高度、深度和以前不一样了；有了这种系统思考的习惯以后，我感觉自己的语文课更加新颖、独到、有深度了；有了这种系统思考的习惯以后，我发现自己在听评课时，真知灼见的观点多了，人云亦云的话语少了。学会系统思考，我的专业发展也就进入了快车道。回顾最近几年的专业发展历程，我发现自己的文章更有分量了，课题成果在全国、省级评比中竟然获得了一等奖，以前想都不敢想的专著也出版了。系统思考是一种"见树又见林的艺术"。它是一种思维方式，善于运用这一思维方式的人，能看到局部，又能看到整体；能看到现象，又能洞察现象背后的成因。它还是研究学问的一种策略，善于运用这一策略的人，不仅能知其然，还能知其所以然。

三省吾身的秉性

如果让我总结自己成长的经验，我觉得最不可或缺的一条就是勤于反思。每当夜深人静的时候，我会独自坐在书房里，把白天所做、所感、所思、所想，像牛吃草那样"反刍"一遍。这时候，白天经历的点点滴滴，就会去芜存菁，会让我透过现象，思考、看清本质。因为不断地去芜存菁，我慢慢地学会了洞察浮华下面的真谛。静能生定，定能生慧。独处与反思，让我避免了许多可能会重复犯的错误；独处与反思，让我学会了及时总结经验教训，从而更好地应对教育教学、学校治理中重复出现的一些问题。

帕斯卡说："人是一根脆弱的苇草，我们全部尊严就在于思想。"从教 30多年，我从一名普通的小学语文教师成长为名校长、特级教师、正高级教师、别人心目中所谓的名师，很大程度上得益于"吾日三省吾身"的秉性。

孔子曰："学而不思则罔，思而不学则殆。"一名教师能否从合格走向专业，能否从优秀走向卓越，能否从成名走向成家，中间间隔着的往往就是三个字——"反思力"。反思力是让经验转化为理论的催化剂。一名教师，如果没有养成反思习惯，缺乏反思力，即便工作 20 年，也可能只是他一年经验的 20 次重复。美国心理学家波斯纳提出了教师成长的公式：成长 = 经验 + 反思。行走在理想与现实之间，反思是我丈量前行道路的一把尺子。"行有不得，反求诸己。"因为长期养成的反思秉性，让我更多地学会不假外物，察己自省。

教育三部曲

....

　　容不得我回忆，时光匆匆走过 50 年；容不得我停留，从教至今已经 30 多个春秋。回望来时路，身后留下一串或深或浅的脚印，那深深浅浅的脚印里盛满了多少我的教育故事。我愿意采撷三个与君分享。

我和一本书的故事

　　许多知名教育专家、著名特级教师、优秀青年才俊，一边教书，一边著书立说。对他们来讲，好像写一本书很是轻松。每每捧读他们的论著，我常常羡慕不已。什么时候，我如果也能有自己的一本专著，那该多好啊！然而，我每天都感觉自己像是旋转的陀螺，似乎没有一刻空闲，哪有时间写作？要想有一部十几万、几十万字的专著，谈何容易？一次偶然的机会，我了解到著名语言学家、汉语拼音之父周有光先生的事迹。他的话给了我很大的启发。他说：写书很容易呀，只要你能每天坚持写 1000 个字，一年不就有 36.5 万个字了吗？出一本书不是很简单的事吗？我想，每天写 1000 个字我做不到，写 500 个字总能做到吧。自那以后，我开始坚持每天写教育札记。

　　写着写着，渐渐地我感觉自己的语言表述流畅了，思路打开了，灵感多了，顿悟有了。2017年春节过后，我在自己的教育札记里挑选了特别满意的十篇，发给了《中国教育报·课程周刊》的主编汪瑞林老师。让我倍感欣喜的是，素不相识的汪主编很快给我回复，他说："这些文章很不错。我打算在课程周刊上给你开设一个'罗树庚教育教学观察'栏目，陆续刊发这些文章。"汪主编的回复，让我喜出望外。我本来心里想着编辑老师能从十篇中选一篇就不错了，没想到汪主编竟然告诉我将给我陆续刊发。听到这样的好消息，我真有些喜不自禁。

《中国教育报》不断刊发我的教育札记，一些微信平台也开始转载、推送我的小文章，这让我进一步意识到这类教育札记的价值所在。我想，既然汪瑞林主编都觉得这些文章好，既然我的小文章在微信平台上点击量挺高，我何不将这些文章整理在一块儿，出本书，送给那些和我一样在教育一线摸爬滚打的老师们呢？2017年5月，经朋友介绍，我联系上了华东师范大学出版社的编辑卢风保老师。当我把自己的意图告诉他后，他让我发一些样章给他看。我编了一个目录，发了十来篇小文章过去。过了一两个小时，卢老师给我回复说："这些文章写得太好了！我是一口气读完你发来的样文的。出版社愿意为你出版这本书。"

利用2017年暑假放假的空闲时间，我对自己的书稿做了初步梳理，并利用一个暑假的时间，增补撰写了近20篇新的教育教学随笔。经过和同事、好友的反复推敲，经过和出版社卢风保老师的多次沟通，书稿从内容到体例逐渐趋于完善。著名教育家顾明远先生和著名特级教师蒋军晶还为我的拙作作序。从2017年7月至2018年6月，整整一年的时间，我就像一个怀胎十月的母亲，等着一朝分娩的喜悦与幸福，期间的期盼与焦灼至今历历在目。

2018年6月中旬，在翘首期盼中，我终于收到出版社快递来的新书，捧着自己的拙作，我欣喜若狂。这些年，或晚睡，或早起，生命的痕迹化作一个个美妙的文字，幻化成一篇篇有血肉、有温度的文章。望着自己的拙作，我知道，这是我对生命隐退的一种抗拒，我的一部分生命已经显现成它的模样，静静地活在一页页纸张间、一篇篇文章里。尼采说："每一个不曾起舞的日子，都是对生命的辜负。"坚持写作，让我体会到灵魂在纸上翩然起舞的欢悦；坚持写作，让我懂得阅读是向下扎根，让自己立得住，写作是向上生长，让别人看得见。

我和一所学校的故事

自打我从教以来，一直梦想着创建一所理想的学校。所以，在日常的学习工作中，我经常把看到的、听到的、想到的好点子记录下来，希望有朝一日能派上用场。特别是外出参观学习时，我总不忘拍照片，拍下好的校园文化、班级布置。看到好的设施设备，我就会把品牌名、厂家以及联系方式等一一记录下来。这种习惯，让我积累了几千张照片，积累了许多好的点子、信息。

让我感到特别庆幸的是，2009年宁波高新区要筹建一所总投资1.2亿元的新学校，选派我担任校长，并参与筹建。我思量着如何打造一所全新的学校，如何把自己对教育的理解，对办学的追求，融入到一砖一瓦、一草一木中去。白天，我跑工地；晚上，我翻出了自己的从教札记，拿出了七年副校长的管理日记，整理出了自己外出学习时拍下的几千张其他学校的照片。哪个学校的指示牌比较新颖，哪个学校的走廊文化比较有借鉴价值……我一点一滴地草拟着新学校的文化建设构想，一字一句地斟酌着学校办学理念、办学思想。渐渐地，我的思路清晰起来，目标显现出来：建一所让孩子们能快快乐乐学习、健健康康成长的学校；建一所空气中弥漫着知识与智慧，能浸润孩子幸福童年的温润的学校。

通过将近两年的辛勤付出，冒酷暑顶烈日，经过暑假40多天的奋战，2010年8月，一座气势恢宏、充满童趣又极富文化气息的新校园终于呈现在大家面前。憨态可掬的小雕塑，书本状的小石凳，刻有传统文化的大理石路面，轻松幽默的厕所文化，意蕴深厚的长廊布置，充满童趣的校园指示标志，徜徉其中，你能感受到浓郁的书香；流连其间，你能体会到什么叫精致。

学校落成典礼结束，送走所有的嘉宾之后，我把自己关在办公室里，任由泪水恣意流淌，过往将近两年的酸甜苦辣全都涌上了我的心头。2009—2010 年，恰逢我申报参评浙江省特级教师。四年一届的特级评审，对每一位教师而言，都是职业生涯、人生路上的大事。在这个节骨眼上，是选择成就自己的专业发展，还是选择全身心筹建新校？权衡之后，我选择了后者。由于长期把主要精力投入在筹建新校上，参评省特级教师自然是名落孙山。虽然我早有思想准备，但当知道结果的那一刻，我还是惆怅了许久。2010 年，整整一个暑假，我把别人对我的不解、名落孙山的失落压在心里。新校落成典礼圆满结束的那一刻，我再也没有控制住自己的眼泪。

省特级教师评审落选，要说心里没有波澜，那是不可能的。败走麦城，或许会成为我心中永远的痛，但筹建新学校，也让我明白了比起责任与使命，个人的浮名与光环要轻许多。

我和一群人的故事

2013 年，我有幸成为浙派名师名校长培养工程首批学员。我们小学校长班 19 位学员在杭州师范大学黄芳老师的带领下，开启了为期两年的培训学习。培训期间，我们有时在一起集中聆听专家的专题报告，有时进行实践浸润，走访省内外的名校。培训期间，我们把 19 位学员各自所在的学校走了个遍。每到其中一位学员所在的学校，这位学员便成了其他 18 位学员的老师，不仅要带着大家参观，还要进行办学理念、实践经验主题报告。按理说，这些培训方式也没有什么特别之处，但让我感到十分惊讶的是，通过这次培训，我们 19 位学员之间，学员和班主任、导师之间结下了深厚的友谊。

我们之间情如兄弟，亲如姐妹。培训结束后，我们建了一个微信群，没有什么事情的时候，这个群平静地犹如不存在一般，但只要我们 19 位同学中谁有一点点儿新消息，总会有人第一时间向大家传递。谁的文章发表了，谁的课题获奖了，谁在办学上有新举措、新成就了……都会被其他同学"扒"出来，大家都会送上各自的祝福以示祝贺。虽然不常联系，可我却在默默关注你。这种真情，使得我们相互影响、相互促进。我明显感受到19位同学，各自的办学水平、治校能力都在大幅度地提升。有的同学在全省教育工作会议上做典型发言，有的同学主持的课题在国家级教学成果评比中获奖，有的同学被选派到新疆办学校、传播先进的治校理念。从2013年3月第一次走在一起培训至今，不过是短短的九年时间，我发现19位同学都变得更加优秀了：有的成为地区名校长，有的获评省特级教师、正高级教师，有的成为省、市劳动模范，有的出版了自己的论著。

结束浙派名师名校长培养工程的培训已有七年，但我们19位同学这个共同体似乎有一种独特的凝聚力。哪个同学学校举办大型研讨活动了，想去学习的，不用打招呼，就可以去学习；哪个同学需要什么资料，群里说一声，立马有人响应。这种感觉，特别温暖。

絮絮叨叨讲述我和这群人的故事，我想说，世界是有缘人的俱乐部，没有人是无缘无故出现在你的生命里的，每一个人的出现都有原因，都值得感激。因为我们相互欣赏、相互激励，助推着各自不断成长。我想说，和谁在一起对一个人来说太重要了。浙派名师名校长培养工程遴选的都是浙江省各地市优秀的校长。这样一个群体，通过培养工程这个平台，组成一个个微共同体，除了培训本身带给大家成长外，学员间相互借鉴、相互促进的"场效应"是一个巨大的"富矿"。

一本书、一学校、一群人，就像三颗闪亮的珍珠，点缀在我教育人生这串"项链"上。一颗心、一份爱、一段情，就像一串美妙的音符，谱写着我教育人生欢乐的乐曲。

事上练

....

明代思想家、军事家、心学集大成者王阳明指出，真正的修行，是在事上练。知是行之始，行是知之成。通过事上练，克己修心，长此以往，方可做到知行合一。

我是一名年过半百的老教师，面对日新月异的信息时代，时常会有一种力不从心之感。在日常的课堂教学中，我用得最多的还是 PowerPoint 2003（即 PPT），连 PowerPoint 2007、2012 款用起来都很不适应，更别说其他多媒体软件了。本想着，我这点对信息技术的应用能力，凑合凑合，挨到退休，应该也没啥问题。不承想，2020 年 1 月，我国突发新冠肺炎疫情，停课不停学、居家上网课，一下子在全国各地全面推开。甭管你会不会、愿不愿意，只要是老师，你都得去面对。怎么办？恶补网上直播上课、录制微课等技术，成了许多和我一样多媒体运用"小白"的必修课。

人是被逼出来的。这话还真有些道理。经过一段时间的学习、摸索，我不仅掌握了录制微课的基本技能，还学会了添加背景音乐、添加片头片尾等一些美化技巧。

2022 年 4 月，接到《中国教育报》编辑的约稿，希望我撰写几篇有关"教师资格证"考取技巧的辅导小文章。编辑老师希望我提供文稿的同时，也录制一段小视频，把文稿讲述出来。接到任务后，我心里就在琢磨：我能不能不请专业拍摄团队，不麻烦别人，靠自己一个人完成这项任务呢？

虽说讲稿是自己一字一句写出来的，但面对镜头，要流畅自如地讲下来，并不是一件容易的事情。我将文稿改为大号字体，然后打印出来夹在几个画架上，把手机固定在两个画架之间，对着镜头念。录制好视频后回看，我发现眼神根本不对。因为是对着文字念的，视频中看向镜头的眼神是斜的。如果学校有一套"提词器"设备，那该多好呀。看着"提词器"，我就可以像播音员在演播室录制新闻那样录制视频了。没有这个设备，用什么东西来弥补呢？我想到在我对面放一台一体机。我把文稿做成课件，用一体机播放，手握遥控器，一边翻页，一边录制。视频录制好后，我仔细查看，发现这次比第一次录制的好了许多。但还是有问题，因为我戴着眼镜，一体机屏幕亮度大，眼镜镜片反光严重。于是我将文稿课件的背景设置成黑色，文字设置成白色，并把一体机的屏幕亮度调到最低值，再一次进行录制。第三次录制的视频比前两次好了许多。但还是没有达到我心目中的理想效果，与别人面对面交流的感觉还是不够，眼神还是没能自如地看向镜头。怎样才能录制出最佳效果呢？万般无奈之下，我让爱人来协助。她端坐在一体机前面，举着手机拍摄，身体遮挡了一部分屏幕，害得我不能看到全部文字。怎么办呢？我又重新制作课件，把她身体会遮挡到的地方空出来。这样一来，她能自如拍摄，我也能自如阅读屏幕。

一则仅为 4 分钟长度的短视频，因为设施设备有限，为了拍摄出理想的效果，从拍摄场地的选择、布置到拍摄过程中反复调整，整整耗费了我大半天的时间。我用一个手机拍出了一段具有专业水准的短视频。后来，这则小视频被编辑发布在《中国教育报》微信平台，被新华网等融媒体平台转发，点击量达到几十万人次。许多朋友看到我的公益微视频，纷纷点赞。不知情的人，哪里知道我拍摄这段短视频背后的故事呀。正如鲁迅先生在《少年闰土》一文中写的："我素不知道天下有这许多新鲜事：海边有如许五色的贝壳；西瓜有这样危险的经历，我先前单知道它在水果店里出卖罢了。"

向大家描述我学做微课、录制短视频的两个事例，是想谈一谈我对"事上练"的感悟。事上练，需要我们少一点"坐而论道"，多一点实干。不论是上公开课、写论文、做课题，还是与家长交流沟通、班级管理、学生教育，经验都是在实践中慢慢积累形成的。虽然专家的指导、书本上的学习也很重要，但那些毕竟是间接知识，缺少自己的实践、体悟，往往还是属于消极知识，要把消极知识变成积极知识，需要大量实践。我们经常会听到这样的新闻报道：某项传统工艺面临"后继无人"失传的窘境。为什么会这样？因为这些传统工艺，最精妙之处、最细微差别，别人是教不会的，是需要自己在长时间实践中"默会"的。铁肩膀是扁担压出来的，铁脚板是万里长征走出来的。事不经历不知难，事不经历学不会。经一事长一智，这就是"事上练"的重要性。

事上练，需要我们摒弃"我老了，让年轻人多锻炼吧"这样的观念。其实，年龄只是一个数字而已，关键看心态。有些人年已耄耋，依然充满活力，有些人年方四十，就时常叹息自己老了。2019 年诺贝尔化学奖得主是97 岁高龄的约翰·古迪纳夫。他年过半百才正式研究电池材料。54 岁失业，58 岁发明钴酸锂电池改变世界，64 岁不想退休选择跳槽，75 岁以磷酸铁锂电池再度改变世界，90 岁以后开始研究全固态电池。97 岁高龄，依旧每周上班五天，仍旧有新研究成果问世。古迪纳夫说："我们有些人就像是乌龟，走得慢，一路挣扎，到了而立之年还找不到出路，但乌龟知道，他必须走下去。"做一只爬得最久的乌龟，保持学习保持好奇，即使慢一点，遇到一点困难，只要最后能到达终点，又有什么关系呢？毕竟人生没有白走的路，每一步都算数。

事上练，还需要我们明白一个道理，即"炼心"。刀在石上磨，磨的是刀刃；人在事上练，练的是处变不惊的心。遇事不急不躁、不慌不忙，说起来挺容易，真正面对时，极少有人能做到。事上练，练的是我们的心理素质，做到泰山崩于前而色不变、不动心的境界。拿破仑曾言：能控制好自己情绪的人，比能拿下一座城池的将军更伟大。事上练，练的是我们的心境，坐看云卷云舒，静听花开花落，任凭潮起潮落，拥用一份淡泊明志、宁静致远的心境。事上练，练的是我们的修为、境界，宠辱不惊，得意淡然，失意坦然，练的是一种静如止水的格局。

林语堂曾说："做你没做过的事情叫成长，做你不愿意做的事情叫改变，做你不敢做的事情叫突破。"世事洞明皆学问，人情练达即文章。到"刀"上去"磨"，到"事"上去"练"吧！多磨砺、多吃苦、多用心，必将成长得更好。

反思出智慧

1915 年，在巴拿马万国博览会上，以农业产品为主力的中国展品，鲜有问津。茅台酒被装在深褐色的陶罐中，杂列在棉、麻、大豆、食油等产品中，更是很少被关注。见此情景，我国参展人员忽然心生一计，他们故意打碎装有茅台酒的一个陶罐，顿时，整个展览大厅酒香四溢。客商们纷纷循香而来，争相购买。最终，茅台酒一炮走红，被评为金牌产品，并与苏格兰威士忌、法国科涅克白兰地一起被列为世界三大蒸馏名酒。

　　我们要为中国参展工作人员点赞。借用这个小故事，我想说，善于反思并采取最巧妙的行动，这就是大智慧。善于反思的人，人生都不会差。善于反思的教师，教学增智慧。伟大哲学家苏格拉底说，我唯一知道的就是我一无所知。走在人群中，我们才能认识自己。同样的道理，教育教学的智慧只有在实践反思中才能获得。

教而优则仕

．．．．．．．．．．．．．．．．．．．．．．．

学而优则仕，这是中国古代几千年来普遍的选官用人制度。这种制度其实也好理解。古今中外，哪个行业不是这样选人用人的呀？工作做得好，业务能力强，做新来同事的师父，然后做班组长，再慢慢擢拔、晋升，这是很自然的事情。教育系统也不例外。老师当得好，工作能力强，自然而然会被安排担任教研组长、年级组长、中层干部、校级领导等。"学而优则仕"在教育系统就变成了"教而优则仕"。

"教而优则仕"好不好呢？这是一个需要辩证看待的问题。

时间与精力对于我们每个人来说，都是一个常数。兼任某个职务，承担更多的工作，必然会分散我们的时间，消解我们的一部分精力。原本或许做班主任、任教一门课程，你会得心应手，感觉游刃有余。兼任了组长、学校中层之后，发现自己每天好像有忙不完的杂事，呆在教室里的时间少了，和学生在一起的时间没了，上完课想和学生谈个心的计划也被杂七杂八的管理事务填满了。许多原本学科教学、班主任工作等专业势头发展很好的老师，做了学校中层之后，都有一个普遍感受，自己一天的时间百分之六七十用在了管理上，几年之后，专业发展的良好势头不见了，感觉很后悔，很懊恼，渐渐地会变得很迷茫，不知道该不该继续选择兼任管理工作。

这种迷茫与懊恼，我也曾经有过。我是做了 11 年的班主任后，被动走上学校中层、校级领导管理岗位的。从班主任变成学校中层、校级领导的前四五年，我每天都手忙脚乱，那段时间，情绪糟糕透了。我原本以为，把做班主任的时间和精力用于学校管理，学科教学的时间应该不会受影响。后来才发现，做学校管理所要耗费的时间远远大于做班主任。那几年，我感觉自己的学科教学水平停滞不前了，专业研究没有以前那么纯粹、精深了。后来，我花了很长时间对自己的工作方式做了调整，才慢慢适应身兼多职的现实。

作为一个过来人，我对青年才俊兼任学校管理岗位，有这么一种个人感受，即当自己的学科教学基本形成独特风格，在专业发展、班主任管理等方面迈入高原期时，可以考虑走上管理岗位，发挥自己更大的作用。对于才站上三尺讲台三五年，脚跟还没有站稳的青年教师而言，兼任学校中层、校级领导，要慎之又慎。当然，这纯粹是我个人很片面的一种认识与观点。

听我这么一说，好像"教而优则仕"很不可取，似乎兼任学校管理岗位对个体而言是一种损失。其实，任何事物都是有两面性的，兼任管理岗位固然会消耗我们大量的时间与精力，但它对个体的锻炼与提升也是巨大的。首先，它会扩展你看问题的视域，让你超越学科，不再囿于原先狭隘的学科本位。做了学校中层、校级领导之后，哪怕是年级组长、教研组长，看问题的视角和普通学科教师、班主任是有差别的。角色的改变随之而来会带动我们思维方式的改变。举一个简单的例子：天气比较炎热时，是否要举行户外升旗仪式？德育主任与一名普通班主任看待这个问题，就存在着差异。其次，年级组长、中层、校级领导这些岗位对一名教师能力提升有一股看不见的力量。表面上看，管理岗位耗费了我们大量的时间与精力，好像影响了我们的学科教学，让我们不能像普通老师那样全副身心都扑在班级里、学生身上。实际上，岗位的历练让你的能力提高了，原本需要用五分的力量才能达成的教学效果，现在可能只需要三分就实现了。另外，兼任管理岗位之后，你拥有的资源也和普通教师、班主任不一样。比如学习资源，因为从事管理工作，你学习的机会会增加；比如人力资源，因为从事学校某方面的管理工作，同一区域兄弟学校相同岗位的老师间很自然会相互交流、交往，交往的群体会助推你不断成长与进步。有人说，你的水平，就是与你最亲近的五个朋友的平均水平。因为从事学校某方面的管理工作，你交往的对象会发生改变，这种改变，会影响你的能力、眼界、心胸、格局等。

辩证看待"教而优则仕"，需要我们学会"弹钢琴"，统筹好兼任岗位的管理工作与自己的学科教学工作。时间与精力的确是一个此消彼长的常数，但善于"弹钢琴"的人，还是能做到"鱼和熊掌兼得之"的完美发展。

今天，我和大家探讨"教而优则仕"这个话题，除了引发思考外，最主要的是希望大家面对发展机会、面对更大的锻炼平台时，能遵从自己的内心。是选择放弃机会，一辈子坚守班主任、学科教学，还是抓住机遇，"鱼和熊掌兼得"？这没有对错，只是路径选择不同而已。

人民教育家于漪有无数次离开教育系统从政的机会，但她始终坚守三尺讲台，践行"一辈子做老师，一辈子学做老师"的铮铮誓言。著名教育家斯霞，组织安排她担任南京市教育局副局长，结果她上任仅一个月，就坚决辞去副局长职务返回学校，她说和孩子们在一起才是最开心、最快乐的。著名教育家孙维刚，自 1962 年从教至 2002 年去世，从教 40 年，未曾离开过北京二十二中学。他一生最大的"官儿"就是班主任。他和校长有个约法三章，即除了班主任、学科教学，不兼任任何行政职务；不中途接别人的班级，从初一教到高三，实行六年大循环；他任教数学学科，初一新生一年学习结束后要和初三学生一起参加中考。著名作家余秋雨原先是上海戏剧学院教授，因为才华出众、教学能力强，36 岁便被提拔为上海戏剧学院院长，成为当时全中国最年轻的高等院校校长。在担任了校长三年之后，余秋雨做出一个重大的决定——辞职。他说想要回归文学和艺术的本位，想要回归最真实的生活和最轻松的创作环境。三年内，他连续递交了 23 封辞职信才遂愿，辞职后的余秋雨将全部身心投入到了文学创作的事业当中，成就了他人生的巅峰之作——《文化苦旅》。试想，如果他一直担任戏剧学院院长，文学成就能有今天这样的高度吗？像这样"教而优不仕"的例子举不胜举。反过来，"教而优则仕"的例子也不计其数。大家熟知的教育家魏书生，不仅班主任当得好、学科教学好，校长、局长也当得风生水起。窦桂梅校长、薛法根校长、王崧舟校长等，这些教育名家都是有力的佐证。

"教而优则仕"是很多优秀教师成长过程中会遇到的一个幸福的烦恼。过去，从教师队伍中提拔党政机关干部的机会比现在多得多。翻看许多领导人的履历，你会发现很多原先都曾当过老师。现在，这种机会相对来说少一些，但从优秀的普通教师成长为学校中层、校级领导或者是教研员，从优秀教师发展成为优秀教育管理名家，这样的路径还是很普遍的。

亲爱的朋友，在专业发展路上，如果你与"教而优则仕"的机缘不期而遇，你是想做孙维刚老师，还是魏书生老师呢？想必，读了此文，你会更加理性看待"教而优则仕"这个问题。

舒服藏在细节里

....

　　举行家长开放日，让家长走进学校、走进课堂，和孩子们一起听老师上课，了解老师的执教能力，了解孩子在课堂上的表现，这是许多学校常规管理中，每学年都会做的一项工作。按照标准建设的校舍，普通教室容纳四五十位学生没有问题。现在要再挤进来四五十位家长，显然，教室会很拥挤。怎么摆放家长的椅子，让家长坐着不感到拥挤，让八九十人的教室感觉舒服一些呢？让我们来看看甲和乙两位班主任安排家长座位的办法。

　　甲老师将秧田式的学生课桌椅整体往黑板前移动一些，同时把八列四大组的课桌之间的通道缩小一点，把家长的椅子摆放在教室两侧与后面，形成一个"U"形。教室里虽然有些拥挤，但家长把孩子们像个"三框儿"围在中间，看上去挺舒服的。乙老师则不同，他没有对学生课桌椅做任何调整，教室里八列四大组一共有三条通道，他就把家长的椅子摆放在教室后面和这三条通道里。家长个子高，学生个子矮，学生好像被三道人墙隔着，不仅影响学生看黑板的视线，阻挡老师走入学生，还让教室看上去很压抑。对比甲、乙两位老师的教室，高低、强弱一目了然。

　　舒服藏在细节里，细节折射着认真。面对一年一度的家长开放日这项常规工作，认真的老师，前一天会把教室打扫得干干净净，会把家长的座位提前摆放好，第二天会比往常早一点到学校，早一点走进教室，和早到的家长打打招呼，寒暄一下，和早到的家长做一些简单交流。工作一般的老师，淡定地让人心急：他仍旧按照往常的点儿走进教室，面对已经早到的家长，他无暇顾及，在家长眼皮底下指挥学生摆放椅子，一派手忙脚乱的样子。就这么一个小细节，认真与一般马上就能区分出来。家长开放日，虽然是常规工作，对于老师而言，每年都会遇到，或许早已见怪不怪，但对于家长而言，一学年也就一两次。平常，家长没有时间和机会了解老师的工作状态，这是他们了解学校、老师的重要时机。窥一斑而知全豹，家长会从一次家长开放日中老师的状态、表现推测老师平时工作的情态。因此，我经常温馨提醒老师们，家长开放日这一天，最好比平时早一点出家门，去学校。万一路上堵车了呢？万一出现什么意外的小状况了呢？我们要稍微多预留一点时间，做足"万一"的预案。

舒服藏在细节里，细节折射着用心。还是以家长开放日的一些现象来举例吧。有些老师，还没有上课，就早早走进课堂，做好课前准备。把课件拷贝到教室的电脑上，检查课件格式是否有问题，检查课件里的文字是否因为字体改变发生跳行，检查手中的遥控笔是否能正常使用。等一切准备就绪后，和孩子们闲聊一下，或者和家长简单交流一会儿。而有的老师，等上课铃声响起，才匆匆从办公室赶到教室，手忙脚乱地拷贝课件，摆放黑板上的吸铁石、教具。上课开始了，才发现手中的遥控笔接收器还没有插入电脑，一会儿蹲下身去插接收器，一会儿在讲台上找教具。这些小小的举动，虽然也就影响了上课前的十几秒、几十秒，但给别人的感觉会很糟糕。上述两种不同状况的老师，给家长留下的印象会截然不同。这些小细节，也会让老师走上两种完全不同的教育境遇。

整体决定成败，细节决定完美。我曾经碰到过一位成长特别快、发展特别好的小学语文教师。短短几年时间，就成为区域名教师。大家都夸赞他素质全面、悟性高。一次经验分享，让我们找到了他成功的秘诀。他说，踏上讲台之前，他听过优秀教师的经验介绍，自己从任教的第一天起，坚持做了三件事。第一件，把每一篇课文中，学生错误率高的生字都记录在备课上。

第二件，有一本学生错题集。学生在每一课、每个单元学习中，错误比较普遍的题目，他会一个单元整理一次，记录在错题集中。第三件，收集学生的习作。在他的电脑里，存储了许多学生的习作。这些习作都是学生每次练习后，他选取好、中、差三类典型搜集整理的。不明真相的人，都把他的成功归因为素质全面、悟性高。解密他的成长秘诀之后，我们才知道，促使他成功的原因是"教学细节"。从他分享的三件事上，我们可以推测，在平时的教育教学中，他一定还有许多鲜为人知的细节。因为一个人做事、做学问，精益求精的品质会成为他的行为特质。他分享的三个细节，只是冰山显露在海面之上的部分，海面之下是他注重细节的良好特质与可贵品质。舒服藏在细节里，细节折射着品性。

这样的例子不胜枚举。坐过的椅子，离开时顺手将其推放好；使用过的场地，结束时恢复原样；别人交办的事情，不管办成与否，事后给个回复……这些都是让人舒服的小细节。舒服藏在细节里，那细节背后藏着什么呢？细节背后藏着认真。敷衍了事，估计也能把事情做完，结果说不定也无伤大雅。但它与态度认真的人做的事情一比较，高低一目了然。细节背后藏着用心。不用心的人，工作只是工作，即使入职已经干了多年，但他表现出来的样态、情态和新手没有太大差异，差别只是他是个年纪变大的"老新手"。而用心的人，他把工作当事业来做，他会苟日新，日日新，又日新。在这样的人身上，你会看到经过反思之后的成长之美、成熟之美。细节背后还藏着品性。如果说认真指向的是态度，用心指向的是情态，品性指向的则是情操、情怀。

舒服藏在细节里，有时，人与人之间看起来是一点点细节之间的差异，其实，就是这点细节的差异，让人与人之间相差十万八千里。

细节看人

·····················

我们学校有一个传统，元旦放假的前一天早上，学校领导会站在校门口，给老师们送新年祝福。我们会精心印制一封新年贺信，贺信里装一些工会福利，或是蛋糕券，或是电影票等。每位老师开车到校门口时，我们都会毕恭毕敬双手奉上祝福贺信。我发现老师们接贺信的方式大概有三种：第一种，从车窗上伸出一只手接过贺信，象征性地说声"谢谢"；第二种，从车窗上伸出双手接过贺信，互致问候；第三种，停下车，走下车来，庄重地双手接过贺信，或是向送祝福的人郑重地表示感谢，或是和送祝福的人紧紧相拥。我选取这样一组镜头，来谈论细节。三种方式，没有对错之分，只有情商高低之别。

校园里，这样的细节，只要稍微留心一下，便随处可见。食堂里，老师们中午用工作餐，打汤这个行为里就藏着细节。有的老师打好汤，根本不管后面等候的同事，把汤勺直接放回汤桶，走了；有的老师打好汤，会把汤勺递给身后等着的同事；有的老师看到身后有同事等候，先给同事打好汤，最后才给自己打汤。如果你是后面等候的老师，前面这三位老师，哪位会让你心里感觉很舒服呢？

教研组在功能教室举行教学研讨活动，老师们三三两两进来参加活动，有的老师腋下夹个听课本，一手端着茶杯，一手拿着毛绒坐垫，踱着方步，优哉游哉地来参加活动。这样的情景你是不是也很熟悉呢？如果你是活动组织者，看到这样的老师，你是不是会有一种说不出来的感觉呢？有的老师不仅听课要端着茶杯，连上课也不忘端个茶杯走进课堂。虽然法律法规、规章制度没有明文说不可以，但这种做派总是让人感觉不舒服。除非身体不适，万不得已，一般情况下，端着茶杯进课堂，还是要慎之又慎。

这些不起眼的细节，有些是待人接物的必要礼节，有些是职业规范的基本要求。谈论这些细节，我最担心的是被曲解。有些人或许会说，你和我们交流这些，是不是希望我们变得世故圆滑一些？是曲意奉承、八面玲珑重要，还是坚持自己的秉性重要？

首先，我要表明自己的观点与态度。我不喜欢圆滑、八面玲珑的人，但我喜欢情商高的人。人在职场，有许多东西无伤大雅，但会让人很不舒服。譬如两个新入职的年轻人，一个每天踩着点上下班，而另一个上班早五至十分钟到，下班晚五至十分钟离开。如果你是他们的主管，你更喜欢谁呢？答案不言而喻。上课要端个茶杯，去听课还要带个坐垫，这些小细节折射出的是对职业敬畏感的缺失。战士打仗匍匐在地面上，身下要垫防止衣服弄脏的塑料垫吗？显然是不可能的。

其次，细节背后是一种教养的彰显。打汤时，把汤勺递给后面等候的人或者给后面等待的人顺手打一下，这是一种良好教养的体现。我们在公共场所进出门的时候，为自己身后的人扶一下门，与人方便就是与己方便。北宋哲学家程颐认为："临事肯替别人想，是第一等学问。"试想，如果你站在门口给人送祝福，别人单手很随意地接过去，你心里是什么感受？如果我们能站在对方的角度看问题，记住五个字"他会怎么想"，你会发现，周围的一切都会变得特别美好。这些待人接物的细节，与世故圆滑、八面玲珑无关。

世事洞明皆学问，人情练达即文章。如何让自己的情商变得高一点？如何让自己的教养更绅士、淑女一些？很简单，多留心观察生活中的这些细节，多学习身边那些让别人感到舒服的言行举止。与舒服的人在一起，养生；与聪明的人在一起，养脑；与有趣的人在一起，养心。

学校无小事，处处皆育人。你一个赞许的微笑，或许能改变学生一生的命运；你不经意的一句话语，也许能刺伤几十颗求知的心……这一颦一语都是细节。倘若你给学生写的素质报告单上，有一个小小的错别字；倘若你在教学时把"夏丏（miǎn）尊"错读成"夏gài尊"；倘若你把"再接再厉"错写成"再接再励"……家长、学生会怎样看我们呢？作为一名教师，关注细节就要精益求精，一言一行都是学生之楷模；作为一名教师，关注细节就要不断学习，教育学生，成就自己；作为一名教师，关注细节就要勤做反思，从优秀走向卓越。

"魔鬼在细节"，这是20世纪全世界最伟大的建筑师之一的密斯·凡·德罗的成功秘诀。"一树一菩提，一沙一世界"，把事情做大，是一种口号、形式，有些务虚；把事情做小，才是真正的行动，也是还原生活。台湾地区原国民党主席连战到北大，北大居然把他母亲几十年前在此求学的照片和成绩单找到了。这份珍贵的礼物让连战感慨万千。这就是细节的魅力！老子曾说："天下难事，必作于易；天下大事，必作于细。"细节决定成败，小差异造就大差距。不论是为人还是处事，关注细节都会给我们带来意想不到的效果；不论是管理学校，还是教育学生，关注细节会让我们从平庸走向优秀，从优秀走向卓越。

家务劳动中悟到的管理经验

......

平时工作忙，让我极少有时间料理家务，家里已经好久没有卫生大扫除了，物品堆放得乱七八糟。暑假到了，终于得闲，我能好好整理整理，把家收拾收拾。

晒大米——优秀教师要晒一晒

为了防范新冠肺炎疫情，当年我们家也囤积了几袋大米，大半年过去了，还有两袋大米堆放在旮旯里。打开看时，我傻眼了，袋子里爬满了米虫，有一些已经爬到袋子外面。我赶紧把大米拎出家门，拿到屋外晾晒。我找来报纸，把大米铺在报纸上，让大米接受烈日暴晒。一天下来，大米里的虫子爬得无影无踪。傍晚时分，我抖落抖落米袋，把大米装了回去。

在晒大米的过程中，我想到了学校里的优秀教师，他们就像大米，如果放置久了，长期没发挥作用，是会生"虫子"的。学校管理者要善于创造机会，让优秀教师"晒一晒"：校本培训时，安排其做一次专题讲座；学科教研时，安排其上一节示范观摩课；承办活动时，安排其当一次活动策划人；家长开放日上，安排其给家长做一次分享；新教师入职，让他做师父，带一带新教师；等等。这些都是"晒"优秀教师的好方法。学校管理者，还要善于经常找优秀教师谈谈心，听听他们对学校治理、教育教学、教师发展等的建议、意见。

在学校管理过程中，我们往往会把目光聚焦在两个群体上，一个是骨干教师队伍，一个是青年教师队伍。而对于那些默默无闻，不显山露水，不太抛头露面的群体，常常会少顾及一些。他们或是有一定年龄的中老年教师，或是埋头苦干，尽心尽责做好本职工作的教师。这些教师在一个单位里，就好比家里堆放久了的大米，如果长期不注意，很可能就会生"米虫"。要想"流水不腐，户枢不蠹"，就要经常抖一抖、晒一晒。

移位置——中层干部要轮一轮岗

房子住了几年，家里的物品摆放一直没有想过移一移位置，趁着年前大扫除，我们起了兴致，决定把家具、装饰物品重新摆一摆。经过一天的折腾，还别说，有一种全新的感觉。

由此，我联想到学校管理。学校的中层干部，时间久了，是不是也应该轮一轮岗、换一换位呢？人在一个岗位上呆久了，会产生一种惯性思维，习惯的力量是非常巨大的。有时候，习惯的力量会给我们带来帮助，但有时候，习惯的力量会对我们产生不好的制约作用。分管德育的中层干部与分管教学的中层干部，相互轮一轮岗，没准对"五育并举"会产生很好的融合作用；分管教师队伍发展的中层干部与分管团队风貌的中层干部对调一下，没准对激发教师队伍的活力会产生新的动力。

管理学上有一句很通俗的话语："屁股指挥脑袋"。话俗理不糙。每个人的眼界、思维方式、看问题的角度等，往往都会受其认识水平、岗位、角色等影响。轮一轮岗，移一移位，有利于打破原先固有的思维模式。当然，这种轮换，也受多种因素制约。这就好比家里的家具，沙发一定是在客厅里的，床一定是在卧室里的，总不能为了追求新鲜，把床搬到客厅里，把沙发挪到卧室里。一位校长调任到一所新学校任职，不能为了凸显自己的魄力，来个中层干部大轮换、大轮岗，这显然不利于学校的平稳发展。轮岗移位要从锻炼培养人，要从工作需要出发。

擦一擦——拂去蒙蔽内心的灰尘

住在高层楼房里，窗户外侧的玻璃很难擦拭。为此，我买了擦玻璃神器，里外吸附，擦了里面，外面也同步擦拭了。积灰很多、久未擦拭的玻璃变得一尘不染时，我发现房间一下子亮堂了许多，从房子里向外望去，心情特别舒畅。

擦拭窗玻璃让我联想到学校里的教师群体。教师长期在一个系统内，长期在一所学校任教，或多或少都会产生一些倦怠，出现一些迷茫、困顿的现象。这个时候，需要创造一些条件，创设一些活动，让尘封的内心抖落抖落，把蒙蔽的灰尘拂拭一下。比如举行一场别开生面的团建活动，组织一次集体外出旅行，参加一场高端的音乐会，聆听一场震撼内心的报告会，观看一部好电影，等等。甚至可以组织全体教师到佛学院，去享用一次斋饭。

当教师，难免会出现压力过重、焦虑、情绪失控等亚健康心理状态。怎样及时调整，让自己拥有开阔的心胸、清醒的头脑、良好的情绪、乐观的态度和理智的行为呢？我觉得掸一掸、擦一擦，拂去蒙蔽内心的灰尘，不啻是一种好办法。

我由家务劳动中晒大米、移位置、擦玻璃想到了优秀教师团队，想到了中层干部团队，想到了教师群体。这里我要申明，优秀老师不是大米，中层干部不是家具，不能把人和物对等起来，这是不礼貌的。一切比喻都是蹩脚的。我是由家务劳动想到学校管理，觉得这样表述，能把一个深奥的东西说得更浅显易懂些。写着写着，我忽然意识到一个问题——三句不离本行。

观来访教师情态，察学校团队风貌

……………………………………………………………………………………………

　　组织教师外出考察，参观其他地方的区域品质学校、特色学校，看看别的学校的校园文化，听听别的学校老师的课，了解这些学校的办学思想与成功经验，是教育系统各校常做的一项教师外出培训活动。我们学校常常接待来自省内外的一些兄弟学校来访。在接待来访教师时，我也在留心观察，从他们身上去感受不同学校的团队风貌。下面，我选取三个有代表性的团队表现，分享一下我观察分析的体会。

　　有一次，我接待了一个校长带队，以学校中层为主体的考察团。下车后，我发现一个很奇怪的现象——他们个个手里或端或握一个水杯。我带着他们边参观边介绍时，十来个人的小团队，三三两两，表现出一种似听非听的散漫；还有一两位趁我不注意，站到树荫下、楼梯拐角处偷偷抽烟。短短二三十分钟的参观，我多次停下来等他们。客人走后，帮我们拍照的李老师把照片拷贝给我，我翻看着李老师拍的几十张照片，没有一张让我满意的。因为照片里拿着水杯、背着背包的参观人员，表现出的吊儿郎当模样，真不好看。

　　窥一斑而知全豹。从他们的表现，我猜测这所学校的整个教师队伍，一定是比较自由散漫的，团队的凝聚力、向心力以及校长的号召力一定是比较低的；对制度一定是比较漠视的，或者说制度执行力一定是比较弱的。现在，中小学基本上都是无烟学校，我们学校的禁烟标志随处可见。这么十来个人的小参观团，就有一两位在偷偷抽烟，还是在别人的学校，显然，制度对他们的约束力很有限。另外，还能看出他们缺乏虚心学习的心态。外出参观学习，一般来说，选择的考察学校都是比较优秀的，好不容易出来一趟，怎么也得认真一点。但这个团队，对一所陌生的学校缺乏好奇心，缺乏了解欲望。可以推测，他们的学习情态肯定也积极不到哪儿去。

几年前，我接待了一所学校组织的四五十位老师来访。我陪着来访学校校长走在前面，一边走一边介绍。但令我十分好奇的是，走在后面的老师，这儿摸摸，那儿擦擦，时而指指点点，时而窃窃私语。我有些纳闷。走在队伍中，一起陪同来访教师的是我们学校的校办主任。事后，校办主任告诉我，原来这些来访老师在查看我们学校的卫生情况，看看栏杆上有没有灰尘，看看走廊顶部墙角有没有蜘蛛网。一旦发现我们的不足，他们就窃窃私语。

听了校办主任的汇报，我哑然失笑。竟然还有这样的参观团队？大老远出来培训，到别的学校取经，不去寻找别人的闪光处、亮点、优点，专挑别人的不足，你是来评审检查的吗？他山之石可以攻玉。外出参观考察，我们应该把目光聚焦在别人的长处上，取他人之长补自己之短，这样才会进步。如果发现别人的不足，你完全可以等大家坐下来交流时，给别人善意提出，或者在书面意见、建议单上给别人留言指出。从这所学校的老师们在参观考察时的表现，我推测，这是一个进步空间极其有限的团队，他们学校一定有一种吹毛求疵的不良风气。我能推测到，这所学校的教师，面对成长中的学生，一定是鼓励少，批评责怪多，甚至存在颐指气使、高高在上的戾气。我猜测，这所学校的领导与教师、教师与学生之间缺乏民主、平等的和谐氛围。当然，也不排除，这个团队具有非常好的反思习惯。

这么多年接待来自全国各地的参观考察团，给我留下深刻印象的只有一个团队。大巴车开进我们学校，我在学校门口迎接。车停之后，首先下来的是这所学校的支部书记和校长，我站在那里和两位领导寒暄，过了好一会儿，也不见老师们下车，我问两位领导这是为什么。两位领导说，我们还没有征得您同意呢。我马上说，快、快，赶快下来。我陪着书记、校长，带着老师们走进我们学校大厅。一眨眼功夫，参观的老师便围成一个半圆，从里向外，前后三层，鸦雀无声地听我介绍。那一刹那，我仿佛有一种大领导和群众代表合影前发表演说的庄重感。在随后的参观过程中，整个团队几十人，始终安安静静，连走路的脚步声都是轻轻巧巧的。参观好校园之后，大家来到大会议室，听我介绍经验。全体老师的坐姿再一次让我震撼——他们都是坐椅子的前半部分，身体前倾，目光炯炯地注视着。在我做经验分享的一个小时里，他们始终如军人般，腰板笔挺。等我经验分享结束，他们走出会场离开时，一个小细节再次感动了我——他们把矿泉水瓶、一次性纸杯全部带走，并且把椅子推放至开会前的状态。整个会议室如同不曾有人来过一般。

四个小细节，深深震撼了我。这是我当校长十多年，接待无数批次教育同仁来校参观考察，给我留下印象最深的一次。临走的时候，我感动地对来访学校的书记、校长说："今天不是你们来向我们学习，而是送上门给我上了一课。"这所学校的团队风貌、特质，我不用进行分析评判，我想，透过他们在参观考察过程中的四个细节，任何一个懂管理的人都明白。这就叫卓越。

据历史记载，被奉为晚清中兴第一名臣、最后的儒家、大清圣哲的曾国藩，十分善于识人用人。有一次，李鸿章领着三个人来拜见曾国藩，并请曾国藩考察，恰巧曾国藩要出门散步，便邀请三位一同散步。等散步回来之后，他对李鸿章说，他对来的三个人已经考察完毕。李鸿章很是惊讶，散一下步，就把人考察好了。这就是著名的"曾国藩散步识人"典故。

今天，我写这篇小文章，搬出"曾国藩散步识人"典故，想说明一个观点，你在桥上看风景，别人也在看"在桥上看风景的你"。你到别人学校参观考察、取经学习，别人也在接待你的同时，感受你身上折射出的团队精神风貌。这或许就是"行走中的力量""行走中的学习"吧。

考察一所学校要"四看"

在教育丛林里摸爬滚打 30 多年，我有幸参观、考察过数百所学校，或是专程前去学习，或是因为考核评估，或是参加交流研讨活动等。走进一所陌生的学校，我通常会通过四个视角去揣摩、品读，在自己心里给这所学校做个素描或速写。

人民教育家陶行知曾说："校长是一个学校的灵魂"。考察一所学校一要看校长。从校长身上，常常能"窥一斑而知全豹"。有些校长，会根据来访者身份、级别，决定自己是否要在校门口迎接，是否要亲自出面，这类校长比较善于摆谱，考察这类学校，你要兼听兼明，不可偏听偏信。有些校长，无论谁去访问，他都亲自迎接、亲自接待，全程陪同。这类校长所在的学校，一般都比较实诚、质朴。有些校长，走进会议室，坐定之后，后面有人把笔记本、茶水杯帮他放好。这类校长，我大概能猜到他所在学校的计划、总结，甚至包括他的发言讲稿、课件都不太可能是他亲自写的、做的。由此可以初步推断，这类校长所在的学校等级观念、官本位思想一定也挺重。有些校长，在接待同行参观过程中，事无巨细，亲力亲为。我可以大概推断，这类校长比较实干，一定是比较会体谅他人，不给别人添麻烦的。这类校长所在的学校的老师们一定都能各自做好本职工作，团队之间一定有一种推功揽过、相互帮衬的风气。

走进一所陌生的学校，你看到的校长，有的高高在上、颐指气使；有的极具亲和力，质朴厚道；有的气定神闲、了如指掌又不显山露水；有的心急火燎、东奔西跑，似乎方寸有些杂乱。校长是学校的一个窗口，一个缩影。如果我们面对的校长不是刚刚新到任的，或是刚刚提拔的，而是在一所学校有一定年数的，通过校长推断学校，未尝不是一种策略。

二看老师。走进一所陌生的学校参观考察，与这所学校的老师照面，有的会让你感觉如沐春风，有的会让你感觉冷若冰霜。有的学校老师，看到有参观考察的人员，会主动迎上前来，打声招呼，或者询问客人有什么需要帮助。这类学校一般来说，比较开放、包容，敢于分享，也意味着他们比较善于吸纳、成长。有的学校老师，看到有客人走过来，不仅不主动打招呼，还退避三舍或紧闭办公室门。这类学校我推测，管理层和老师存在着"两张皮"的现象。老师们或许觉得接待来访参观者是学校管理层的事，和自己无关。这类学校我推测，估计是比较狭隘、固步自封，不太愿意接纳新生事物的。

我曾走进一所地处大都市的品牌学校。那天，因为考察参观比较宽松，时间也比较宽裕。于是，我就特意去老师们的办公室走走看看。当我敲门进入一个办公室时，看到向我投来的几束目光中流露着不屑。还有一位女老师旁若无人地对着镜子扎头发。我向她们问好，她们几乎是异口同声地说："你找谁？"语气中流露出的是一种不耐烦。我猜想，因为地处大都市，又是赫赫有名的品牌校，估计来访参观的人很多，她们已经见怪不怪、不胜其烦。但我也能感觉到她们因长期的优越感而产生的自负与自傲。我想，这样的校园文化是要不得的，这样的学校也是不会有多大成长发展空间的。

三看学生。如果说通过与校长、老师接触了解一所学校，还存在一些偏差的话，和学生接触，你会了解到一所学校最真实的一面。见到外来的客人，孩子们是彬彬有礼的，还是视而不见的；是鹦鹉学舌般机械背诵解说词的"人偶"，还是百问不倒应对自如的"小机灵"。走进一所陌生的学校，抽一点时间，和这所学校的学生做一次深入接触，你会很快对这所学校有新的认识。特别是看看孩子们的表演，看看孩子们的个性展示，尤其是走进课堂，看看孩子们课堂上的表现。这所学校到底怎么样，你心里大概就有一个数了。

学生是最天真无邪的，也是最没有心机与城府的，面对来校参观的成年人，刚开始，他或许还能按照老师叮嘱的去应对，把自己端着，一旦和来访者混熟，放下防备之后，他的表现往往就是一所学校最真实的代表。所以，到一所陌生的学校考察，如果需要深入了解，不妨多花点时间，和这所学校的孩子们多聊聊。

最后要看的是细节。优质、卓越的学校，它的好往往体现在细节上：一张参观考察安排表，一个桌牌，一个欢迎课件等，传递出来的都是细致、精心与精致。而一所管理水平一般，办学层次较低的学校，传递出来的往往是随便、粗糙与缺少章法。我曾经走进过西部一所新建的移民学校，刚进入校园时，我被恢宏的校舍、漂亮的外观深深折服。但随着参观考察的不断深入，我对这所学校的管理极度失望。崭新的功能教室里堆满了先进的设施设备，但设施设备上落满厚厚的灰尘。崭新的教学楼里，走廊上、墙壁上一点儿文化布置都没有，到处都是空空如也的白墙壁。看到一所外在条件这么好的学校，缺少管理，疏于治理，真得心疼不已。整体决定成败，细节决定完美。一所学校品质的高低，往往体现在细节上。

考察一所学校要"四看"。这是我多年从教，多年担任校长的一种切身体会。智者见智，仁者见仁。想必，不同的人有不同的认识与看法。总的来说，外来参观者，就好比一所学校的第三只眼睛。当局者迷，旁观者清。学校怎么样？存在哪些问题？有时，不妨让外来参观者说一说他考察以后的感受，这是一种极好的治校策略。一所学校的文化、底蕴与品位，取决于她传递给别人的温度，尤其是对陌生来访者的温度。

你善待单位与自己的职业吗

··

母亲跟着我离开家乡，到一个陌生的城市生活，屈指算来已经有 20 多年。20 多年里，我一直享受着下班后就有饭吃，从来不用洗衣服、打扫卫生的惬意生活。母亲对我的关照真是无微不至。有太阳的日子，被子里总是有阳光的味道；天下雨了，我一回家她便会帮我取出鞋垫，换上一双干净的；就连水杯里的茶水，她都会早早地帮我沏好……日子久了，这一切就像极其稳定的生活程序，母亲无怨无悔地操持着家务，我也理所当然地享受着。虽然长期和我生活在城里，但母亲还保留着许多原先农村生活的老习惯。剩饭剩菜只要不馊，她舍不得倒掉；垃圾袋只要不脏，她会反复使用。每当这个时候，我总会满脸不高兴，和她生气。偶尔饭菜不合胃口，咸淡不够理想，我还会抱怨她。有时，她帮我收拾书房，害我一下子找不到东西，我还会迁怒于她，甚至，偶尔在外面不顺心，回到家的我还会把气撒在她身上。

有一段时间，母亲被弟弟接回老家，这导致我原先的生活规律完全被打破。买菜烧饭洗碗，洗衣拖地搞卫生，一天下来，留给我可利用的时间大大缩减。最难受的是，每天傍晚六七点，拖着疲惫的身体回到家，现成的饭菜没有了。点外卖，饭菜又不好吃，想要吃可口的，必须自己动手做。吃完晚饭，还得收拾厨房。等忙完这些，再也没有精力看书、备课、写作了。我这才体会到什么叫"家有老是个宝"。

写了这么长一段话谈论母亲，谈论我对母亲的态度，是想借此打个比方，谈一谈教师心态问题。一般情况，如果没有评职称等硬性交流、支教要求，一名普通教师在一所学校任职的时间会很长很长，有的时候，甚至从走上工作岗位到退休，在一个单位一待就是几十年。学校就像母亲，我们就好比儿女。任何比喻都是蹩脚的。用母亲和儿女来比喻学校与教师，不是很恰当，但理解起来比较浅显易懂。

一名教师在学校工作久了以后，是很容易把学校的好当作理所当然来享受的。教师要参评教坛新秀、学科骨干等，学校会请专家给予指导，会组织帮扶团队做后援团；教师要选送录像课参加教学比赛，学校不仅会帮助其一起备课、磨课，还会联系专业摄制组帮助录制；遇到家长投诉老师或者家长集体到校"理论"，学校会想尽一切办法化解、平息……这些事情，就好比母亲帮助儿女烧菜做饭、洗衣拖地、端茶倒水。我们做儿女的享用久了之后，不知不觉就会生出理所当然的念头。对母亲的态度慢慢发生的微妙变化，就像容颜那样，一天天衰老却未必察觉。

一名教师从初到一所学校的新人，慢慢变成元老级教师，对所在单位的珍爱，会像儿女长久和母亲在一起那样，母亲的好慢慢变成了"程序式"的理所当然，慢慢地，眼里看到的都是母亲的不足与陋习。学校没停车位时，希望有个停车位，有了停车位，最好能有个遮阳棚，以免爱车被暴晒；学校在闹市区，嫌上班太拥堵；学校在偏远城郊，又嫌每天上班路途太远；学校在农村，则嫌孩子没有城里学生素养高。凡此种种，慢慢地心态就变了，话语系统与以前也不一样了，脸上的神情也变得好像别人招他惹他似的。记得前几年《人民日报》微信平台推送了一篇《善待你所在的单位！》，在朋友圈里被刷屏。我想，这篇文章之所以能引起大家的广泛共鸣，估计是许多做"儿女"的对长期与自己在一起的"母亲"细微的情感变化，连自己都没有意识，而这篇文章恰好把大家的心态准确表达出来了。

这大概就是所谓的"身在福中不知福"吧。这大概就是人们常说的"拥有时不知道珍惜，失去了才知道珍贵"。

由此我还想到一个人对待自己的职业，大体也如儿女对待母亲那样。西方许多国家，一个人一辈子会从事七八种不同的职业。跨行业、跨系统的职业切换不存在"五险一金"等的壁垒。因此，从总体上看，他们的职业倦怠现象似乎要好一些。而在中国，一个人考编入职成为一名教师之后，一般情况下，会干至退休。尽管也有一些教师调离教育系统或者辞职成为自由职业者，但对于有着1700多万教师的教育系统来说，这一部分人所占的比例，几乎可以忽略不计。

我承认，教师队伍中，有相当一部分是因为热爱教师这个职业而当教师的。这部分教师对待自己的职业，就像特别孝顺的儿女对待自己的母亲那样。除了这部分教师外，教育系统中也有一部分教师对待自己的职业恐怕就像我文章开头所描述的儿女对母亲的情感、态度。这部分教师，因为从事教育工作久了之后，早已看不见"母亲"的种种好了，每天看见的都是"母亲"的不足。转变这部分教师情态的最好办法，就是让他们暂时离开"母亲"，让他们感受一下离开"母亲"之后的生活。

我之所以用儿女对待母亲的态度来类比，我之所以要写这样一篇教育随感，是想呼吁国家、社会，尽快消除跨行业、跨系统职业切换的壁垒。如果能做到这一点，相信教师职业倦怠的现象会得到极大改善。如果暂时难以消除职业间切换的壁垒，是否可以考虑建立这样一种制度，让从事一定年限的教师，间隔五年或十年，走出教育系统，到别的职业系统体验一年半载。比如去公安系统做一名普通民警，去当出租车司机，去做快递小哥，或者到新华书店当半年书店销售员，或是去编辑部、出版社做一段时间的编辑等。相信这样的制度设计，对个体以及整个教育系统而言，都是一件极其有意义的事。

被自己边缘化的老师

．．．．．．．．．．．．．．．．．．．．．．．．．．．．．．．．

一次，一位好朋友——另外一所学校的老师，愤愤不平地向我抱怨，说自己在单位里被边缘化，一点儿机会都没有，什么东西都轮不上。我听完他的叙述，毫不客气地对他说了一句重话："你不是被别人边缘化的，你是被自己边缘化的。"听了我的话，他惊讶不已。自己怎么会把自己边缘化呢？

我给他讲了自己遇到的几位老师的事例。有一位青年教师，因为人比较机灵，课堂驾驭能力很不错，从教研组长到分管教学的副校长，都很看好她。遇到教研组要上研讨课，或者要对外上公开课，大家都会想到她。要上好一节公开课，少不了反复研讨、打磨，自然会占用比正常状态下更多的时间。几次研磨下来，她很不高兴，觉得这样的苦受不了。从那以后，凡是有领导找她上研讨课、公开课，她一概拒绝，一百个不乐意。久而久之，有任务，有机会，大家也就不再去打扰她了。起先，她还暗自庆幸，总算过上自己想要的日子了。但日子一长，与她同时分配到学校的另一位青年教师，原先各方面条件远不如她，却冒出来了，成了骨干，成了学校中层领导。这时候，她开始有牢骚了，逢人便说，自己遭遇不公，不被重视，被边缘化。其实，这位老师的境遇很能说明问题，她不是被别人边缘化的，而是被自己边缘化的。

学校里总有这样一批老师，或多或少，差不多每所学校都有一些。安排他上节公开课，他嫌太过烧脑，不愿意承担；安排他做个主题论坛，他说自己没什么好分享的，推脱不干；安排他参加一些公益活动，他觉得这是在影响他的正常教学，不搭理；要求他写写教学反思、教学论文，参加课题研究，他觉得这是在作秀，在沽名钓誉，不屑一顾……时间一长，他便成了一位遇到事情都会被大家忽略、遗忘的老师。时间一长，他便成了一所学校的"孤家寡人"。说完这些之后，我让好朋友检视一下自己的过往，在自己身上有没有我说的这些现象。好朋友似有所悟般地说："看来，我确实是在边缘化自己。"

检验自己是否被边缘化，在我看来，有两个标准。一个是自我感受，另一个是被别人惦记。如果你在一所学校，没有一种归属感，没有一种主人翁的心理感受，这所学校获得表彰，你没有与有荣焉的感受，我基本能判断你是被边缘化了。一名老师如果不能做到与学校共进退，没有一种荣辱与共的同频共振感，其实，他往往就是单位里多他不多、少他不少的角儿。这是自我心里体验的一种判断标准。第二种判断是外在的，比如学校里，别人忙得不亦乐乎，他却无所事事；别人加班加点，他却插不上手。这类老师基本上也是被边缘化了的。做学校管理多年，我时常在观察，开学阶段、期末结束阶段，这种特殊时期，最能甄别一位老师是否被边缘化。那些优哉游哉的，基本都是。学校假日值班、防台风抗风雪等特殊事件前，躲得远远的，基本就是。

谈论这个话题，我还想说明一个观点：处在边缘与被边缘化不是一回事情。管理学上有一个涟漪、圆晕现象：处在涟漪、圆晕最里面的是核心，一圈一圈荡漾开来，处在最外面的叫边缘。大到一个国家，小到一所学校、一个集体，都存在这样的涟漪、圆晕现象。对于一所学校而言，刚刚分配进入学校的新老师，默默无闻、尽心尽责带好一个班，教好一门课程的普通老师，一般而言，均是处于边缘的成员。处在这个位置的老师，可以说，是职业生涯的最佳黄金位置。因为你居于边缘，没有时常被打扰的烦忧；因为你居于边缘，没有什么值得你操心的事儿。这个位置，这个阶段，是你沉潜自己、修为自己的绝佳时机。你要有"板凳甘坐十年冷，文章不写半句空"的志向，韬光养晦、积蓄力量。虽居边缘，但有铜墙铁壁之功，边缘之人也可以成为耀眼明星。但如果你处于边缘，抱着愤愤不平、抱怨不公、厌世嫉俗的态度，采取"板凳甘坐十年冷，从此不闻人间事"，一副看破红尘的处事风格，那就真会被边缘化。

谈论这个话题，我是有顾虑的。顾虑之一，怕被扣上"说教"的帽子，怕别人说：你摆着一副教师爷的样子，站着说话不腰疼，净说一些有利于校长管理的话语。其实不然，我只是根据自己多年的管理实践，针对一种普遍现象，发表一点儿自己的感慨。这种现象不仅存在于学校中，也同样存在于机关、企事业单位中。只要是一个集体，都会有这种现象存在。谈论这个话题，纯粹是一种内省与自我反思。顾虑二，我怕别人说我在传授"厚黑学"——是不是想让大家学会逆来顺受、阿谀奉承、钻营投机？这也非我本意。一个社会人、一个单位人，如果没有一种集体归属感，不愿与自己工作的单位共进退，没有责任担当，怎么可能有地位？有作为才有地位。在这个集体主义被慢慢遗忘的今天，谈论这个话题，我是想唤醒一些丢失的东西。有的时候，与其怨天尤人，不如检视、反省自我。

试想，你不轻视自己，你不推卸责任与担当，谁又会来忽略你、边缘化你呢？

成长路上要当心的

....

　　小张老师是一位青年才俊，大家经常可以看到他活跃在各级各类活动的舞台上：这个月在某某省级研讨活动会上做示范观摩课，下个月在某某教学交流会上做展示。一年里几乎每个月都能看到他的高光时刻。大家对他都赞赏有加。一次偶然的机会，我和他工作学校的校长在一起，当我向校长夸赞他有这么一位优秀的老师时，校长的反应很冷淡。校长说："有什么好，一天到晚不是在磨公开课，就是在准备磨公开课，自己任教的班级根本顾不上，学生乱糟糟的。"

　　小张老师任职学校校长的一番话，引发我许多思考。的确，这种情况并不是个例。新冠肺炎疫情爆发前，义务教育阶段的许多学科都有一项全国性的赛课活动，一般两年举办一次，经过层层遴选，一旦被确定为某个省唯一代表出征全国赛之后，这位选手的日常正常教育教学就要暂时放在一边，需要全身心投入备赛中。全力支持的学校，有时为了这位参赛选手能安心备赛，常常会临时找一位代课老师，顶代这位选手几个月的教学工作。人员紧缺，本来就捉襟见肘的学校，实在无法临时聘一名代课老师怎么办？只能任由参赛老师自己决断，把主要精力放在备赛上，日常教学能应付、将就，也就不去计较了。

　　上面，我列举的这项赛事，算是比较特殊的个例。其实，从县市区到地市再到省，有多少名目繁多的评比呀，特级、正高、名师骨干、教坛新秀，各类优质课，各类研讨课、展示课，等等。这些评比，落到谁头上，谁都不敢随随便便，都会投入巨大的精力去应对。这个时候，顾此失彼的现象就很常见了。许多老师为了能在评比中胜出，往往日常的本职教育教学，所任学科、所带班级，就会无暇顾及，疲于应付。久而久之，虽然个体在不断成长，但所带班级、所任学科却在任职学校同年级里很是一般，甚至是同年级水平里倒数的。

有些老师成为特级、名师骨干、名班主任之后，经常受邀到处作讲座、上观摩课，要承担区域各级各类带徒活动，还要分出很多精力去开展名师工作室相关活动。时间是一个常数，人的精力毕竟是有限的，受邀去外校上课、讲座，受邀去担任评委导师，受邀去组织活动、指导别人，势必沉潜自己任教班级的时间就会减少，势必与自己任教的学生交流就会减少，辅导自己任教学生的时间就会大打折扣。

这样一想，小张老师任职学校校长对他评价反映冷淡就能想通了。从学生、家长角度思考，当然希望老师不是那种三天两头往外跑，事务繁杂不顾班级的；从学校治理规范化的角度思考，一名每天能扎扎实实把一个班带好，把一门课教好的老师对整个团队而言，可能还是更优选项。普遍而言，学校里身兼数职、杂事多的老师和名声在外、经常神龙见首不见尾的老师并不太受家长欢迎。这是比较普遍的一个现象。

有位校长曾开玩笑似的说，他了解一所学校同年级平行班教学水平的高低，有一个很简单的办法，就是看老师的"头衔"，头衔多的，是名师骨干的，他基本能判定，这个老师执教的班级一般来说是同年级里成绩最弱的。走进一所学校，判定一个学科组质量的优劣，也是如此，但凡名师骨干多的组，一般来说质量会差一些，没有名师骨干的学科组，质量反而要好一些。尽管是开玩笑，但他说的不无道理。因为名师、骨干们太忙了，他们要承担的工作太多了，根本没有太多的精力投放在自己任教的学科、任教的学生上。不是他们不优秀，而是他们没有时间与精力。

今天在这里谈论这个话题，我首先要申明，我没有反对教师专业发展的意思，也没有抵触各级各类评比的思想，我只是抛出学校里、教师成长中一个比较普遍的问题，想引发大家思考如何实现"鱼和熊掌兼得"。

对于渴求精进的年轻教师而言，在专业成长的过程中，要经常性地提醒自己，自己任教的学科，自己带的班级，自己负责的学生，这些是我们的"根"，这些是我们的"沃土"，如果在专业发展的过程中，出现了"舍本求末"的状况，要适时缓一缓专业精进的节奏，稳一稳自己的"根基"，如果等到校长来提醒，等到他人有议论、有微词了，其实已经有些晚了。对于渴求专业成长的年轻教师而言，要学一点平衡术，要学会"弹钢琴"。有一些社会活动，比如说担任评委、外出讲学、作报告等，如果与你日常的常规教育教学有冲突，要毅然决然地放弃；你名声在外，的确要比普通老师承担更多的社会责任，投入在日常教育教学上的时间确实没有普通老师那么多，那就要多思考怎么巧干，怎么带班级，怎么发挥学生自治作用等。

静心教书、潜心育人，是大家都十分认同的一个理念。做校长的管理着学校，学校里的师生是自己工作的重中之重。倘若一位名校长，每天四处讲学，忙着传播自己的办学思想，却很少深入师生，对自己的学校浮于面上管理，是不可能办好学校的。同样的道理，一名优秀的老师，如果主要精力或者很多精力没有投放在自己任教的班级，自己教的学生身上，也是很难有什么高质量教育的。久而久之，这位名校长、名教师可能就会有"名声在外却不过如此"的尴尬悖论。

百年大计教育为本，教育大计教师为本。的确，教师是支撑起一所学校的关键，有好老师才可能有好学校，关注教师的专业成长不仅是教师个人的事情，更是学校集体的事情。但我们也要避免教师过于关注自身个体发展，而马虎对待"一亩三分地"的本职工作。抛头露面多了，要懂得藏一藏；各类赛事应接不暇了，要懂得舍弃一些。有的时候，快反而慢，慢反而快。专业精进要有沉潜意识，要有板凳甘坐十年冷的恒久精神，要有大器晚成的心态。

第 四 辑

管理出智慧

我曾经看到一个《七人分粥》的有趣故事。有七个人住在一起，每天要分吃一桶粥。很遗憾的是，粥少人多，每天都不够吃。一开始，他们采取抓阄方式决定谁来分粥，每天轮到一个，结果发现，一周下来只有一天是饱的，就是自己分粥的那一天。后来，他们经过商议，选出了一个道德高尚的人负责分粥。很快，权力产生腐败，大家都挖空心思去讨好分粥的，贿赂他，搞得整个团队乌烟瘴气。思考再三，他们又想出新的办法，成立三人组分粥委员会和四人组监督委员会，结果每次两个委员会都相互扯皮，等扯皮结束，粥早就凉了，他们没有吃上一次热粥。最后，他们想到一个新的办法，每人轮流分粥一天，分粥的人要等其他人挑选后，拿最后那一碗。为了不让自己吃到最少的，每人都尽量分得均匀，从此，七个人都快快乐乐、和和气气的。

　　"轮流分粥，分者后取"这个合理、公平、公正的游戏规则，是经过反复实践探索得来的。教育管理、学校治理好比《七人分粥》，其成功经验，必定也是经过反复实践才慢慢找到的。大教育家苏霍姆林斯基说："校长领导学校首先是教育思想的领导，其次才是行政的领导。"校长管理学校，必须要有思想。思想从何而来？源于智慧。智慧来自哪里？来自实践。

学校是校长智慧的源泉

　　曾与一位退休多年的老校长相聚，因为久未谋面，一席长谈之后，老校长夸赞我："做校长越来越智慧了。"我深有感触地回答："学校是我产生智慧的源泉。如果我真有一点儿长进，全得益于学校。"这句感慨绝不是一句客套话，而是我做校长、副校长 20 年经历的一种真切感悟。

　　校长的智慧来自课堂。苏霍姆林斯基在《和青年校长的谈话》中指出："多年的经验使我深信，尽管校长有各种各样的工作，但应当把听课和分析课摆在首要的地位。"通过听课，我们可以了解学校教育教学管理的真实面貌，可以了解教师的工作情态、教学水平以及教学理念的先进与否，可以了解学生的整体风貌、学业水准和思维水平。通过听课，我们可以了解班级之间的差异，可以了解不同老师带班能力的强弱，可以了解学生在不同学科课堂上表现出来的差异。这些观察与发现，会给我们带来许多思考与启迪。我们在课堂上观察到的，由此产生的思考与启迪，都是智慧的源泉。除了听同事上课之外，自己上课更是教育思想生发、教育信念萌发的重要途径。作为一名校长，走进课堂，只要有觉醒意识，对教育真谛的体悟一定会比普通教师对更自觉，更辩证，更高位。

　　对于"课堂是校长智慧的源泉"这个观点，我不仅深信不疑，而且颇受裨益。这些年，我写了许多教育教学、学校治理方面的经验文章。这些文章很多都是我在听课、上课过程中顿悟到的。有时候，我常常为自己的灵光乍现而欣喜。每次听课、上课后，我都会及时整理、记录期间产生的思想火花，等到有空的时候，再对这些零星、零散的只言片语进行梳理、提炼。苏霍姆林斯基说："每天我至少要听两节课，这不仅是因为学校的工作制度要求这样做，而且首先是因为我需要不断滋养我的思想的源泉，而这种源泉就是课堂。"从教30多年，担任校长20年，我感觉这话说到我心底里去了。60多年前，苏霍姆林斯基就给自己、给帕夫雷什定下"每天至少听两节课"的规矩，难怪他能有那么多伟大的教育论述，难怪他能成为如此伟大的教育家。原来，他的建树源自课堂，他的伟大教育思想源泉在课堂。别的暂且不说，就单单以"每天至少听两节课"这一要求来看，我们有多少校长能做得到？

校长的智慧来自实干。心学大师王阳明曾说，知行合一，贵在事上磨练。毛泽东主席曾说："实践出真知"。校长的智慧来自学校治理过程中决策的部署、活动的开展、问题的解决、危机的应对等。新建学校如何快速架构学校文化？岗位变动，空降到一所老学校任校长，如何快速找到工作着力点？如何调动、激发全体教师的工作积极性？……这些学校治理问题，虽然可以借鉴他人的成功经验，或者向书本学习，但更多的时候，需要在实干中积累、积淀、默会。"凡操千曲而后晓声，观千剑而后识器。"管理的艺术，校长的智慧，就如手工作坊的工匠，没有全身心投入的实干，是成就不了"一代大师"美誉的。南宋诗人陆游曾说："天下之事，闻者不如见者知之为详，见者不如居者知之为尽。"当校长治理一所学校，做不到事必躬亲，至少不能做甩手掌柜。那种"神龙见首不见尾"式的校长，不仅不利于学校发展，也不利于校长自身素养的提高，更谈不上能累积管理艺术与智慧了。

校长的智慧来自教师。俗话说："三个臭皮匠赛过诸葛亮"，更何况老师们是比"臭皮匠"厉害许多的一个群体。在学校治理过程中，我们要多倾听老师们的心声、意见与建议。著名教育家魏书生不止一次说过："也许我其他方面不如一般人，但有一条是胜过他们的，就是遇事商量。"他有一句口头禅，就是"商量商量"。多和老师们商量，既是一种借他人智慧的高明做法，也是不断完善自己的一种良策。一个人的能力是有限的，而一群人的力量则是无穷的。一个大脑再厉害，也无法战胜一个团队的集体智慧。学校治理过程中，多向老师们请教，多和老师们商量，不仅能让散落星际的点点智慧之光汇聚成璀璨的星河，而且也能在这个过程中，让校长自身变得更聪明、更智慧。

校长的智慧来自学生。如果说教师是校长智慧源泉的溪流，那么学生就是校长智慧源泉的大江大河。个性迥异的学生，来自不同的家庭，如果校长能深入学生群体，就能从他们那里获得许多智慧的启迪。因此，我们要利用一切机会，创造条件，让学生敞开心扉，把对学校的建议、意见说出来。通过和学生共进午餐、开座谈会、个别谈心、设立校长信箱、设置学生校长助理岗位等方式，吸纳学生的"金点子"，让自己变得更智慧，让学校变得更符合立德树人的要求。

校长的智慧来自学习，校长的智慧来自反思……这样的话语，如果要说，还可以说上很多。因为智慧的源泉犹如长江、黄河的源头，是千万条支流汇聚后才能形成磅礴的大江大河。每个人论说的角度不同，校长智慧源泉的定位就会不一样。我之所以强调"学校是校长智慧的源泉"，无非是想说，学校是校长的根，一名校长如果不能潜心治校，把根基护牢，成天"神龙见首不见尾"，不仅做不好校长，还会失去源泉，造成源头枯竭的危险。

我们缺少一堂美学课

·····································

　　参观一所学校，我非常关注校园文化。有的学校，一走进，你就会被深深吸引，感觉处处都彰显着高雅，有品位。而有的学校，一走进，你就会感受到落后、缺少品位、老土、没有档次。我曾见过一所学校，一幢四层教学楼，一米多高的走廊外墙，从二楼到四楼，排列着各式标语，或是校风、校训，或是核心价值观。醒目倒是非常醒目，但一点儿也不美观。铁皮材质，白底红字，最外面一圈还用红色花格边线勾勒。站在教学楼下向上望去，仿佛一下子回到了 20 世纪八九十年代。还有一次，我走进一所袖珍型的农村小学，外观上并不觉得落后，但一走到教学楼里，好感瞬间就消失了。估计是为了避免孩子们把墙壁弄脏了，一米多高的墙面用绿油漆刷出一个"墙裙"。整面墙上面大半截是白色，下面小半截是绿色。这样的色彩搭配，很容易让人联想到过去的农村希望小学。

　　这样的例子，如果要列举，还有许多。每次看到这些缺少品位的校园文化，我脑海里就会蹦出一个观点：当老师、做学校管理还真需要懂一点儿美学设计，相当一部分老师、学校管理者需要补一堂美学课。在我认识的校长圈子里，有几位学美术专业的，他们或参与筹建新学校，或曾主导校舍外墙二次翻新。让我惊叹的是，走进他们的学校，你会感受到色调是那么和谐，设计是那么巧妙，布局是那么舒服。每每这时，我脑海里就会冒出一个奇怪的念头：是不是应该让美术老师来担任校长？如果任命其他学科的老师当校长，是不是上岗前，要对其进行一次系统的美学培训？

谈及这个话题，我先要来说一说"学校建筑学"。这个名词是否准确，我尚未考证过，因为这个词是我自己概括出来的。我曾问过好多人，中国的大学里有没有这个专业，得到的答案都是"没有"。国外的大学里有没有这个专业呢？据说，有些国家的大学有相关的专业，但名称估计不叫这个。中小学、幼儿园的校舍因为使用的群体是未成年人，采光、通风、安全、质量等方面，与普通的建筑是有差别的。校舍作为校园环境的主要构成部分，它还承载着育人功能。建筑是会呼吸的艺术。学校建得美不美、好不好，大有学问。但令人遗憾的是，全国各地成千上万所中小学、幼儿园，有多少设计上是很有美感、艺术感的呢？即便是近些年新建的，也是像火柴盒似的，几幢房子毫无理念地排列在一起。这种情况，依然不在少数。

党的十八大以来，政府职能不断在改变。现在许多地方政府、上级教育主管部门在筹建新学校时，都能让中小学校长、园长提前介入，参与设计与筹建。为了给祖国下一代建造一批质量更优、设计更好的学校，我们要涉猎一些"学校建筑学"方面的知识，尽量朝着"理念在前，建筑在后"的目标去努力，把先进的思想与理念融进建筑里。参与设计、筹建学校时，至少要把所在区域的气候、日照、干湿度、地质硬软度等考虑进去，至少要把使用功能、绿化、学生集中疏散的方便性等考虑进去，至少要把学生的年龄特点、特殊儿童的需要、家长的接送等因素考虑进去，除此之外，还要考虑美观、恒久、外观、色调等因素。我们在参与设计、筹建一所学校时，是否会想到，让它成为区域的一个标志性建筑？是否会想到，百年后它还能坚固地挺立着吗？以上这些问题，都是"学校建筑学"的一部分。倘若我们参与设计、筹建的学校，几十年、上百年后，依然能留存于世，成为世人津津乐道的美谈，则功莫大焉。

或许有人会说，我哪有机会参与设计、筹建新学校呀，即使有机会参与，我们能起主导性作用吗？的确，我们多数老师、校长没有这样的机会，即使有机会参与，能拍板确定整体设计方案的权力更是少之甚少。但不可否认，如果我们懂一点"学校建筑学"方面的知识，我们将会拥有更多的话语权。

回到我刚开始谈及的美学，美学能提升我们的审美水平，能指导我们的工作与生活。在校园文化设计、布置过程中，懂一点美学知识的人，呈现出来的东西会完全不同。同样一叠书，交给不同的人摆放，有的人能摆出让人耳目一新的感觉，特别有创意；同样做一个论坛的课件，有的人呈现出来的就特别唯美；同样做一块会议人名桌牌，有的人能做得很精致。每次参加各级各类活动、会议，我都特别留心主办方或者承办学校制作的桌牌。有的桌牌名字打得特别大、特别满，一看就特别俗、特别土；有的桌牌名字打得特别小，让人一看就能想到"马虎""随便"这些字眼；有的桌牌不仅纸张、字体考究，版面设计也很雅致、有文化，小小一个桌牌就向与会者传递出此次会议的档次与承办者的品位。有一次到一所幼儿园参加活动，一进会场，大家都被别致的桌牌吸引了。所有与会者的姓名桌牌都是幼儿园老师和孩子们用水彩笔画出来的，孩子们用生活中常见的物品代替姓名中的字、笔画，一个桌牌就是一件美术作品。会议结束后，许多与会者纷纷要求把桌牌带回去留作纪念。

在运用美学设计学校、布置文化的过程中，我们也要注意避免过于个性化、性别化倾向。有的女校长，在校园文化布置过程中，过于女性化。这也是美学运用不当的表现。因为中小学、幼儿园是公共场所，女校长、女园长可以发挥女性细致、精致、精细化的优势，但在场馆布置、文化设计、色彩运用等方面，还是要兼顾全体学生的感受。简言之，幼儿园要像幼儿园，小学要像小学，中学要像中学。运用美学治理学校，校长、园长不能过多地从自己的视角去进行文化建设，要从学生的视角去思考。这就是美学的视角问题。

美学无处不在，小到一块桌牌，大到学校整体规划与设计。教师的穿着打扮，离不开美学；教室的环境布置，离不开美学；校园的文化设计，离不开美学；学校的整体布局，离不开美学。花同样的钱，有的学校建得高端大气上档次，有的学校建得让人感到"钱又白瞎了"。帮助学生认识美、理解美、欣赏美、创造美，更是新时代培养德智体美劳全面发展的社会主义建设者和接班人的重要着力点。因此掌握一些美学，也是进行美育的必然要求。这个要求不仅是对教育工作者，也是对分管教育的党政机关干部，更是对掌握着学校规划设计、建设权力的相关人员。

好的教育让人怦然心动

教师节后，我在朋友圈里浏览到两个特别有创意的微信推送。一所学校少先队大队部瞒着老师们，发动学生给每一位老师写颁奖词，教师节这一天，孩子们用脆脆的童声，声情并茂地给老师朗诵颁奖词，老师们被猝不及防的问候感动得稀里哗啦的。还有一所学校，开学时恰逢校园劳动基地里马铃薯丰收。校长带领孩子们给老师们烤马铃薯，用孩子们的劳动果实，为老师们举行了一场别开生面的"谢师宴"。隔着屏幕，我仿佛都能闻到烤马铃薯的香气；隔着屏幕，我仿佛都能感受到师生其乐融融的欢愉。多么好的教育活动呀，一看就令人怦然心动。

好的教育要精心。家长开放日、升旗仪式、新生入学礼、高中生十八岁成人礼等教育教学活动，几乎每个学校每年都会遇到，这些都是学校的常规工作。一所学校组织这些常规工作精心与否，有的时候，看一眼便知品位高下。我曾经看到过一所学校精心组织的家长会。班级里，每个学生用一张 A4 纸制作成精美的三角桌牌，桌牌上学生的姓名特别醒目，方便家长找寻座位。考虑到家长是成年人，学生座位空间比较小，老师早早地让孩子们把座位往前往后推一推，每个座位空间马上就宽松许多。考虑到家长是陆陆续续到来，有先有后，为了避免早到的家长闲着无趣，老师提前让学生写了一封《爸爸妈妈，我想对您说》的书信。几个小细节，一下子就反映出学校、老师工作的细心、精心。我们经常看到，有些学校在组织教育教学活动过程中，很随意，流于形式，师生好像是完成一项不得已的任务，应付了事地面对这些常规工作。学校无小事，处处是教育。舒服藏在细节中，好的教育会向别人传递庄重、高贵、不同凡响，会让人如沐春风。这些感受，很大程度上取决于精心与否，与学校硬件无关，与学校地处城市还是农村无关。

好的教育要走心。小学一年级小朋友上学后，都要争做少先队员，戴上鲜艳的红领巾。有些学校常常选择在十月份建队日这一天，举行一个入队仪式，让高年级的少先队员给一年级小朋友戴上红领巾，孩子们就算是少先队员了。这样的新生入队礼，一点儿教育含量都没有，对一年级小朋友也没有太多的教育意义。怎样让孩子们感受到加入少先队是一件很光荣的事情呢？我们设计了"争做少先队员"的一年行动计划，从和老师、家长一起学习少先队知识开始，到填写入队申请书，再到"我为领巾添光彩"环节，最后举行入队仪式，让家长为孩子佩戴红领巾。整个活动，始终把孩子的参与作为重要抓手。经历了这样的一个过程之后，孩子们真切地感受到做一名少先队员的光荣与自豪，对红领巾的爱护成了他们很自觉的一种行为。好的教育入心、润心、走心，好的教育强调学生的内在参与感。坚持立德树人，首先要做好的是"三全育人"，即全员育人、全程育人、全方位育人。走心的教育强调的就是全程育人。

好的教育要刻骨铭心。我们都有这样的体会，回忆小时候的过往，回忆小学、中学时代的生活，留存在我们记忆里的往往是老师带我们野炊、春游秋游，或者是学校举行的运动会、六一游园活动等情景。今天我们作为老师，是给下一代创造美好回忆的设计师，我们该怎样设计一些好的教育活动，成为孩子一生都刻骨铭心的记忆呢？我们要做活力校园的促进者，规划设计好体育节、艺术节、科技节、读书节，规划设计好入学礼、十岁成长礼、毕业典礼等。生命在于运动，教育在于活动。校园要有活力，抓好各项活动。同时，活动要赋能增效，成为两代人的教育；活动要润泽童心，温润小朋友的心灵；活动要刻骨铭心，成为一辈子的记忆。

好的教育会让人怦然心动。我们没有理由不去思考、践行。

远而不疏，近而不狎

　　"亲则生狎""近则不逊"，说的是人与人之间交往要保持一定的距离，太亲密就会产生不恭敬的行为，太亲近就会对别人不谦逊。同样的道理，校长在一所学校任职年限久了之后，老师也会对其产生"过熟则狎"。这是当校长要引起注意的一种现象。

　　这种微妙的氛围，不容易被感知、察觉，我也是在一所学校任职九年之后，才慢慢感受到的。一名校长在一所学校任职，大体会经历磨合期、融洽期、离析期（也可以称为厌倦期）。调到一所新学校当校长的前一两年，我们可能比较关注"相互接纳"的问题。有些校长，没处理好相互熟识、相互接纳的磨合期，一段时间下来，身心俱疲，心生去意。产生这样的结果，很大原因可能要归责于校长自身。当然，也有一些学校，因为团队氛围、人际关系或是个别另类教师，谁去做校长都会"碰一鼻子灰"。绝大多数校长都能较好地经历磨合期，进入"融洽期"。融洽期一般是校长与团队最和谐的一段时间。对于一名校长、一所学校而言，融洽期越长越好。当然，就像恩爱夫妻都有"七年之痒"的说法。随着相处时间的延长，校长与一所学校的全体教师之间难免也会出现审美疲劳。不经意间，也许会迈入"离析期"。

　　磨合期、融洽期、离析期，这是我对校长在一所学校任职阶段的划分，仅仅是一己之见。有许多校长因为治理能力特别强，特别有人格魅力，融洽期就会特别长。有些校长也许融洽期还没有终结，就被调任，因此，也很难有机会体验离析期。但我始终坚信离析期是存在的。如果我们从这个视角审视规定校长在一所学校的任职年限，就会觉得很有道理。全国各地，许多教育主管部门都出台校长任职年限的有关规定，大体上都是"校长在一所学校任职两个周期，每个周期为三至五年"。对于一所学校而言，校长更换既不可过于频繁，又不可长久不更换。当然，我所说的都是一般情况，像苏霍姆林斯基在帕夫雷什中学，自然是属于特殊例子。

"亲则生狎""近则不逊"，这里涉及校长和教师。我先说一说教师。作为教师，首先要认识到"近处没有风景，身边没有伟人"的道理。家在北京城，天天能到天安门广场散步的北京人，一定无法体会外地游客第一次见到天安门城楼的兴奋与激动。同样的道理，如果你天天和伟人在一起，时间久了，自然会觉得平淡如常，甚至索然无味。和校长在一起工作，天天抬头不见低头见，时间久了，他管理的风格、为人处世的秉性，也就早已熟悉；时间再长点，或许心里还会生出"不过如此"之感。有这种感受很正常。但我们要注意的是，即使你有这种感受，也千万不可嗤之以鼻。这就像天安门广场，虽然你每天步履都能至，但不能随便亵渎、破坏。

其次，我们要懂得这样一种普遍现象——热恋时看对方往往看到的都是优点，结婚后看对方可能会更在意缺点。人与人在一起相处久了，看到的往往都是对方的不足，记住的往往都是那些不愉快的"鸡毛蒜皮"。站在山岗上，拍山脚下的乡村照片，可能张张都是田园风光美景；等你走进村里，说不定看到的是满地鸡毛，甚至还有让人忍不住掩鼻的牛粪、鸡屎臭气。记住，长期与你一起工作的校长，也许就是山脚下那个照片中美丽的小乡村。之所以风光美景不见了，是因为你没站在山岗上。

第三，不要把认知冲突上升为情感冲突。在学校管理过程中，作为校长，一定会针砭时弊，对教师工作中出现的不足、错误进行批评。这是他的职责所在。这个时候，作为教师一定要分清认知冲突与情感冲突之间的差异，一定不要把工作上的矛盾变成人与人之间的恩怨。

如果一所学校的全体教师都能有这样几点意识，就能"近而不狎"。

怎样"近而不狎""近而不逊"，我还想就校长这一角色，谈点自己的看法。作为一名管理者，更要警惕融洽期后面的离析期，要尽可能避免因为在一所学校任职时间延长后步入离析期。首先要保持肯定与赞美。分析亲人反目、恩爱夫妻变仇人的很多案例，就会发现"积怨"是一个重要原因。许多人觉得父子、母女、夫妻间，长期生活在一起，哪有时间说"我爱你"之类的话。即使有时间，也觉得没必要。其实不然，亲情、爱情保鲜的好办法就是多赞美、不停地赞美。同样的道理，校长作为一名管理者，长期和老师们在一起，不要觉得那些工作本来就是老师们该做的，不要觉得那是理所当然的。对于教师中的好人好事、先进典型，一定要多肯定、多赞美。

其次，要敢于直面问题。许多校长想得很明白，校长岗位是一时的，不会一辈子"吊死在一棵树上"。在管理中，为了把一个单位变成和谐融洽的大家庭，很会"和稀泥"做老好人。遇到问题绕着走，碰到钉子能避则避。这样一来，磨合期短了，融洽期长了，但后患无穷。要"近而不狎""近而不逊"，必须敢于直面问题。只要在工作中能做到公平、公正、客观，坚持对事不对人，即使磨合期中有些艰辛，也是值得的。即使融洽期里有一些不和谐，也比无原则的"你好我好大家好"强。如果敢于直面问题，即使迈入离析期，也是值得的。

第三，要有"纵你虐我千百遍，我仍待你如初恋"的胸襟。一个单位，不可能每一名教师都是人民教育家于漪，不可能每一名教师都是"四有好老师"。如果都这么好了，教育现代化早就实现了。作为一名管理者，在工作中难免会碰钉子，难免会遇到不理解、不支持、不配合的教师，误解、委屈，甚至诋毁、中伤、诽谤都在所难免。这个时候，要有"纵你虐我千百遍，我仍待你如初恋"的胸襟。吞下的是委屈，喂大的是格局。如果没有一点"宰相肚里能撑船"的胸襟，就不可能当好校长。

远而不疏，近而不狎。学校管理是一门高超的艺术，经营人心更是一门精妙的学问。

让空气里飘来的都是智慧

....

宁波有一所学校，建校短短几年就吸引了国内外近 200 批次的专家、同行前去参观学习。许多参观过这所学校的领导、专家曾称赞："中国如果要选校园文化建设样板校的话，这所学校可以作为一个典范。"为何建校才短短几年的新学校便能赢得专家如此高的赞誉？一所新学校为何有如此大的魅力让大家趋之若鹜？或许解密它的校园文化建设，大家就会明白其中的奥秘。

走进这所学校，目之所及，鼻之所闻，耳之所听，皆是文化。走进这所学校，你仿佛浸润到一个文化的温泉里，切肤之水，氤氲之气，都有一股文化的味道。

这是一所投资 1.2 亿，占地 60 亩，建筑面积达 2.9 万平方米的公立小学，整个学校的建筑像一个大写的"E"。值得称道的当然不是它投资大、建筑新、硬件好。这些年，党和政府对教育越来越重视，学校一所比一所盖得漂亮，硬件设施一个比一个先进。只要有资金，气派、宏伟都能达到和实现。但光有这些还不能称其有文化。

他们是如何做到让空气里都飘满文化的呢？读了下面的介绍，或许你就能找到答案，或许对即将建新学校的负责人、校长等有值得借鉴与学习的地方。

让校长提前参与，建设装潢一步到位

从规划建校开始就让校长提前介入，参与学校建设图纸的设计、审核，参与学校建设的全过程，这是党和政府以及地方领导最英明的决策。提前参与，校长可以将办学理念、办学思想植入学校的建筑当中；可以将学校的配置考虑得更周全细致；可以将教育教学以及学校管理中的一些问题在建造时进行化解。走进这所学校，细心的人就会发现，凡是和学生接触的地方，都采用光滑或者流线型的圆角处理，这样就可以减少学生不安全事故的发生。即使不小心磕一下，也不至于伤得很重。这所学校不仅有无障碍通道，厕所里还有一个特殊的蹲位。这个特殊的蹲位是为手脚受伤的孩子考虑的。学校特意把教师办公室设计得比较大，办公室里除了摆放教师的办公桌椅外，还设置了一个可供 10 人左右交流的会议桌。这个交流区域的设置，不仅方便了年级组、教研组教育教学研讨，还成了班主任接待来访家长的重要场所。学校还在每个楼层设置了个别学生个性辅导室。这个辅导室只有几平方米，最多也就能容纳 10 位学生。每天放学，教室里值日生要打扫卫生，老师想把个别学生留下补课，放在办公室里，会影响其他老师办公，有了这个辅导室，老师们对个别学生单独辅导就有了场地和物质上的保障。这些设置、设计，设计院的设计师以及没有在一线从事过教育教学的人往往是想不到、考虑不到的。有了校长的参与，就会让新学校建设得更方便教育教学所需，更有利于学生学习、生活和成长。

墙面地面有知识，一花一草皆文化

一走进这所学校，人们就如同置身于一个气场里，就像丹桂飘香的日子你去了桂花园，或浓或淡的桂花味儿浸润着你，自己的衣物、发梢都会染上桂花的芳香。走进学校，就能感受到弥散着一种浓郁的文化气息：草丛里憨态可掬的大理石雕塑，有的是两个小童对踢毽子的样子，有的是两个孩子倒背人的模样，有的呈现出小朋友斗鸡的架势，还有两个孩子各自驮着一个人在战斗的姿态。这些大理石雕刻的小石头人，矮墩墩、圆嘟嘟、胖乎乎的，让人看了忍不住就想笑，就想去摸摸它们。学校的墙面也特别有意思，既不是全白色，也不是全彩色，而是用一种柔顺的色带连缀，色带上装饰一些或圆或方的装饰板。装饰板上的内容五花八门又匠心独具，五个楼层五个主题：倾听，让我懂得尊重；实践，让我快乐成长；阅读，让我得到滋养；科技，让我感受神奇；星空，让我如此震撼。就连供孩子们休憩的石凳也被雕刻成一本本漂亮的石头书状，这些书都是儿童必读的经典，学校希望每个从这里走出去的孩子都能在小学里读完这些课外书。孔子塑像前的文化广场地面上，还创造性地在大理石上刻上了百家姓、常见成语等。学校厕所里布置的校园小幽默、开心小故事、不可思议的图画，会让你忍不住想跑遍所有厕所，看完所有厕所文化。最值得称道的是学校的绿化，学校的绿化与科学教学紧密相连，凡是中小学科学课本中介绍的植物，都力求栽种。四季常绿，瓜果飘香，又不乏教育内涵。

文化是一种浸润。文化靠人去创造、营造、设计，同时文化又影响人。有人曾这样形象地说明，当我们到了一个很讲卫生的国度，你会自觉或不自觉地收敛、改正自己乱扔果皮纸屑的习惯；当我们到了一个大家都不是很讲卫生的地方，即使你原先很讲卫生，也会慢慢和周围的人一样随便、不注意。教育是一种浸润，素养是熏陶出来的。有了这样一个连空气里都弥散着文化的学习、生活、成长环境，孩子们自然而然会变得文明、高雅，有涵养。

把理念融入建筑，把思想物化为有形

有理念、有思想的建筑是有生命力的。这所学校的整体造型既像一个大写的"E"，又像一艘乘风破浪的巨轮。"E"是因特网的符号，意味着信息化、现代化；学校地处东海之滨，巨轮象征着直挂云帆，乘风破浪。赋予建筑以生命，让建筑说话，它就有力量。学校的校徽是一个蝴蝶状图案。为什么用蝴蝶做校徽呢？蝴蝶是会飞的"花朵"，是美的化身，是高雅文化的象征。小学是人生的起点，是孕育希望的沃土，是确立理想的港湾。小学生就像化蛹为蝶前的毛毛虫，毛毛虫经过努力，厚积薄发，必定能破茧成蝶。因为学校的校徽是蝴蝶，所以就在校门口喷水池上方绿化丛中设计了巨大的七彩蚕茧雕塑，希望孩子们都能化蛹成蝶，蜕变出美丽的人生。诚如《牵着蜗牛去散步》那样，教育是慢的艺术，教育需要等待，小学生就如同蜗牛、毛毛虫，他们需要等待，需要一个宽松、悠闲、快乐的童年时代，小学就要努力成为他们快乐童年的载体。

这所学校的"教师风采"也和许多学校不一样：教师风采墙被设计成抽象的世界版图，每位教师的介绍设计成一个六边形的蜂巢状，教师风采墙一下子就变得灵动，充满蓬勃的气息。为什么要这样设计呢？蜂巢意味着老师像勤劳的蜜蜂，奉献多，需求少；蜂巢意味着老师要如蜜蜂那样博采众长，博览群书，采得百花方能酿出甜蜜；世界版图意味着要胸怀祖国，面向世界，要有世界的眼光从事教育教学工作。

凡此种种，把理念融入建筑，把思想物化为有形，校园文化就会有张力。

这所学校就是我们的学校——宁波高新区实验学校。写下这些文字，没有标榜之意，我只是觉得校园文化的构建真的是一件大事，它绝对不是可有可无的东西。校园文化构建一定要从儿童出发，不是校长、老师一厢情愿的强加之物。校园文化是学校的魂，不可东施效颦，一定要有思想、理念。从某种意义上讲，文化是思想、理念的一种显性化表现。写下这些文字，不是为了自吹自擂，只因看到《中国教育报》开辟的特别关注——校园"文化味儿"系列讨论，我有感而发。借此，希望能对兄弟学校的校园文化建设有一点儿启发。

小平台变形记

....

学校大厅二楼有一个长约 16 米、宽约 4 米的小平台，平常除了临时陈列教师每日书写的黑板字，便别无用处了。怎么好好利用它呢？我们都想不出一个好点子。一次外出参观学习，受到启发，我突然想到，能不能适当装修一下，变成一间开放式的书画展厅，专门用来举办师生的个人书画展呢？我的提议得到几位美术老师的一致认可。征得大家的同意后，我们把装修书画展厅的计划列入来年的年度计划，并得到上级主管部门的同意。

经过暑期一个多月的装修，原本不起眼的小平台，旧貌换新颜变成了一间古色古香的中式书画展厅。硬件配备到位了，接下来怎么让这间书画展厅成为全体师生的最爱？怎么让它成为校园实践类课程的一个生发点？

分管德育的校长助理陈佳美老师主动请缨，她说，接下来的事由她来策划。她带领德育处、美术组精心设计了围绕书画展厅开展系列实践类课程的方案。

海选征集书画厅的名称。陈佳美老师指导孩子们设计征集海报，向全校师生以及全体家长朋友公开征名。经过一个星期的征集海选，学校收到了近百份富有创意的命名。这么多命名，哪个最好呢？孩子们说了算！他们把这些海选来的创意命名交给了大队部的全体大队委员，由大队委员选出 20 个入围名称；再把这 20 个入围名称交由全校师生投票。最终 403 班徐扬小朋友命名的"蛹艺"胜出，成为展厅的名称。

为什么"蛹艺"会得到全校师生的最爱呢？因为我们的校徽是一只飞翔的蝴蝶，"蛹"意味着破茧成蝶、化蛹成蝶；"蛹"与"甬"同音，宁波的简称叫作"甬"，"蛹艺"意味着是从宁波这片土地上孕育出的艺术；"蛹"还与"涌"同音，意味着小小艺术家将不断涌现。多么有意蕴的名字啊！孩子们的创新思维、创意火花连老师们都自叹弗如。命名交给学生，题写也交给学生来完成。

偏居一角，新装修起来的书画展厅，通过命名征集，一下子成为大家常去驻足之处。征集命名的过程不就是一次很好的实践活动吗？

如何让书画展厅发挥提升师生艺术修养、对学生进行美育教育的场所呢？如何让"蛹艺"成为有书画特长的学生艺术之路的起锚处呢？举办个人书画展。

406 班的钱悠悠和 502 班的潘柯均成为全校 1200 名学生中的"幸运儿"。当学校把要为两个孩子举办个人书画展的消息告诉家长时，家长们感动地说："我们连做梦都不曾想到。"两个孩子一个是小小书法家，一个是小小国画能手，从 9 月底开始，经过两个多月的创作，到 12 月初，拿出了近 100 幅书画作品。更为难能可贵的是，两人还经常利用双休日，走到一起，联袂创作作品——一个作画，一个题字。

12 月初，布置一新的"悠悠柯均书画展"一下子吸引了大家的目光。美术老师利用美术课，带孩子们走进书画厅欣赏；班主任借书画厅激励孩子；家长们利用学校开放日，纷纷前来观摩。

书画展厅不仅成了师生接受艺术熏陶的场所，更成了点燃孩子个性发展的舞台。小小书画展厅，是孩子们幸福童年的难忘记忆，更是通向艺术殿堂的始发地。

个人书画展，怎样让它完美收官呢？举行爱心拍卖。德育处和美术组经过精心策划，从 1200 名学生中选出 100 位书画爱好者，领着爸爸妈妈走进学校，参加了这场爱心涌动的拍卖会。12 月 27 日，在书画展厅前，大队辅导员摇身一变，成了拍卖"专家"，两位书画小主人成了"持宝人"，两个孩子所在班级的班主任成了"爱心志愿者"，校园里上演了一场激烈的爱心竞拍活动。在竞拍中，两个孩子体会到了从未有过的成功感、成就感；在竞拍中，其他孩子学到了传统课堂里难以学到的东西；在竞拍中，家长们明白了"学业不是孩子的唯一"。

从偏居一角的一个不起眼的小平台，变成点燃孩子梦想的一个书画厅，这带给我许多管理的思考。学校无小事，处处是教育。一个不起眼的平台，空着也就空着了，但如果我们有心、用心，它很可能就会变成教育的宝藏。不要抱怨学校地处农村、城郊，没准开辟"开心农场"正是你得天独厚的优势呢；不要抱怨学校小、旧，或许因为小，才促使你养成立体发展的思维，开辟出让别人羡慕的空中运动场。从海选书画厅命名，到举办个人书画展，到书画作品拍卖会，一个小小的书画展厅因为有了课程意识，成了学校开展实践课程的好凭借。其中折射出的教育观念是值得玩味的。如果没有"生本"理念，就不会想到让孩子来命名，不会想到让孩子来题写馆名。如果没有"每一个学生"的观念，没有"多元智能"理念，就不会为学生举办个人书画展，不会有创意爱心书画拍卖。

从"蛹艺"长廊的装修、命名、布置，到举办个展、义卖，小平台变形记，让我再一次体悟到教育的魅力和管理的智慧。

学校的产品是课程

....

朱永新教授说："未来将不是学校品牌的竞争，而是课程品牌的竞争。课程为王，将是未来的发展方向。"陈先云老师说："首先是课程，其次是教材，第三是教学论。"我想说："学校的产品是课程。"一所学校，由于历史的发展进程不一样，面对的挑战不同，工作的重点可能就不一样，特别是不同的历史时期，肯定有不同的重点。但是，不管有多少个不一样，有些东西是永恒不变的，课程设置问题就是学校的核心。我觉得学校就像一个酒店、菜馆，教师就像大厨，而课程就是这家店的招牌菜。一所学校有什么与众不同之处？用什么吸引家长、招待学生？答案是课程。

课程是学校的核心

在学校管理中，我们经常会看到许多校长对这个问题的认识不够清晰准确。有些校长把着力点放在制度建设上，甚至不惜投入巨额资金引进ISO9001认证管理体系，构建繁冗的学校管理体系；有些校长则把重点放在学校外在显性的校园文化建设上；有些校长把着力点放在搞丰富多彩的活动上，校园里天天像过节一般喧闹；有些校长则把重点放在特色创建上，希望通过特色打响学校的品牌。制度、文化、特色、活动要不要呢？当然需要，但这些都不是学校管理的核心。如果一个校长长期拘泥于这些方面，我只能说，管理还没有深入教育实质，还只是在外围打转转。

学校的核心是课程。抓住课程，就相当于牵住了牛鼻子。抓住核心，其他工作会很自然地被带动起来。在下面这张学校治理核心示意图中，我们能清晰地看见，只有把课程至于核心位置，才是最妥当的。如果把其他方面放在中央，你会发现文化、制度、特色、活动都无法担负起核心的使命。课程是学校管理的核心，是由课程本身的性质决定的。课程承载着国家的意志、教育的目标，它是教育教学的内容，也是教育教学的归宿。教师凭借课程，通过课堂教学，达成国家的教育方针、育人目标。

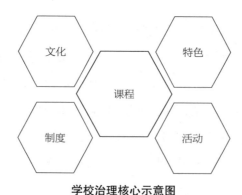

学校治理核心示意图

教师要有强烈的课程意识

前面，我打过一个比方，学校像酒店、菜馆，教师好比大厨，而课程就是招牌菜。但有许多教师没有意识到这个问题。在许多教师的观念中有个错误的认识，认为课程开发与建设是专家的事，是课程顶层设计者的事。其实不然，从某种意义上讲，教师是课程建设的关键。每一位教师都应该致力于校本课程的开发与实施，为学生的个性发展搭建舞台。教师要通过校本课程的开发，逐渐形成自己的特色课程，让学生受益，让自己在学校课程的开发中体现自身价值，体味教育幸福。

进入新世纪，国家推行的第八次课程改革，最为显著的两个改革，一是转变教与学的方式，重构了新型的师生关系；二是赋予全体课程开发的权利，教师有权利根据不同地区、不同学校、不同学生的需求，确立适应时代需要的课程目标，开发与之相适应的课程资源，形成相对稳定而又灵活的实施机制，不断地自我调节、更新发展。著名特级教师孙双金曾经说过："一个好老师，不仅能教好国家课程、地方课程和校本课程，还能建构自己的教师课程。"

长期以来，为什么我们的教师课程建构、开发的意识不强呢？这与我们现行的课程管理体系有关。我们国家在推进课程实施的过程中，不仅制定了课程标准，还依据课程标准编制了教材，老师们平常的教学基本上是根据现成的教材进行的。久而久之，老师们不仅课程观念淡化了，而且建构、开发课程的意识也削弱了。

在与老师们的接触中，我发现一个很有趣的现象：问老师们要教材，他们会很快地把教材递过来，但问他们要课程标准的时候，他们常常要翻找好一会儿才能找到。这个有趣的现象，很能反映教师课程意识问题。因为长期以来，不需要老师根据课程标准建构、开发相关的教材去实施教学，老师们对课程建构、开发意识渐渐也就淡化了。这一点，西方许多发达国家的老师比我们做得好。他们因为只有课程标准，没有教材、教学参考书，教师必须根据课程标准，自主建构、开发相关的教材。这样一来，教师的课程意识就增强许多。

有强烈课程意识的教师，有敏锐的建构力，会及时把学习、生活中的相关信息进行统整，变成校本课程、教师课程。这里，我想以自己建构的一节课为例，说明课程意识的重要性。

寒假过后，孩子们返校迎来了新的一个学期。初春的校园，柳枝吐出嫩绿的小芽，远远望去，鹅黄的叶芽让柳树换了新装。寒假里，我恰巧又读到《浅谈中国古典诗词中的杨柳意象》《五万首唐诗，最美的植物不过这四种》两篇文章。走进校园，当我的目光触及吐芽的柳枝那一刹那间，我心中立刻有了一个主意：我要带孩子们来一场"春日读柳"。柳是春的使者，柳是诗的精灵，柳是美的象征，柳是善的代言，柳是韧的化身。在博大精深的中国古典诗词中，杨柳是一个永恒璀璨的明星。古人借杨柳表达多种情意，抒发惜别深情，歌咏美好春光，描写女子的美丽形态，书写爱情与闺怨，还有借杨柳揭示一些生活哲理。借杨柳抒发惜别之情的，我从小学语文课本中的《送元二使安西》入手，带出了郑谷的《淮上与友人别》、李白的《春夜洛城闻笛》、白居易的《忆江柳》；借杨柳歌咏美好春光，我从小学语文课本中的《咏柳》入手，带出了韩愈的《早春呈水部张十八员外》、杨巨源的《城东早春》、韩翃的《寒食》。就这样，以杨柳为意象，我开发了一课《春日读柳》。举这样一个小例子，我想说明的是，其实，课程开发并不神秘，只要我们有强烈的课程意识，谁都可以建构、开发出属于自己的课程，开发出适合学生发展、深受学生喜爱的课程。

2001 年开始推行的新课程改革，赋予了教师课程自主权，教师有了课程设置的"自留地"，给我们一线教师提供了一个开放的空间。在打好学习基础的前提下，你可以研发个性化课程，发展学生的兴趣爱好，培养学生的技能特长。韩兴娥推出了"海量阅读"课程；薛瑞萍用"日有所诵"改变了一届又一届学生的命运；蒋军晶的"群文阅读"研究，吸引着大量追随者；丁慈矿建构的"对课"一版再版，独领风骚；刘发建的"亲近鲁迅"课程被《人民教育》多次报道……这些青年才俊用课程开发与建设唱响了新时代教师专业发展的凯歌，用这种有别于上一代名家大师的专业发展方式，为自己开创了一片艳阳天。

用课程改变学校

我们学校是一所于 2009 年创办的新学校，短短七年的时间，我们便后来居上，实现了跨越式发展。学校被确定为宁波市深化义务教育课程改革样本学校之一，被确定为教育部基础教育课程教材发展中心宁波实验区课改实验学校，多个校本课程荣获浙江省义务教育精品课程。为什么我们能后来居上，实现跨越式发展呢？这与我们一直以来把课程作为学校的核心，用课程推动学生、教师、学校发展是密不可分的。

我们把联合国教科文组织提出的"四个学会"、积极心理学研究者提出的"六大美德"和中国学生发展核心素养进行糅合，确立了我们学校的培养目标，即身心健康、品格高尚、行为优秀、热爱学习、热爱生活、勇于创新，以此为目标，构建起"幸福1+1"课程。

"幸福1+1"课程，以立德树人为根本任务，以核心素养为目标，以"四个学会"和积极心理学研究者总结出的"六大美德"为基础，是我们实现"为学生幸福人生奠基"办学理念的保障。"幸福1+1"课程，为我们构建起新型的师生关系，创造出教师与学生之间新型的教育生态。

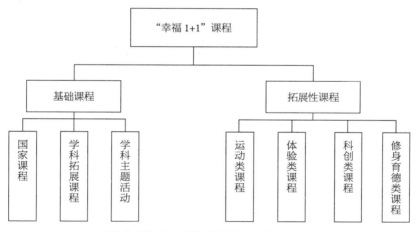

宁波高新区实验学校"幸福1+1"课程架构

学校以深化课程改革为中心，抓住学生发展、课堂教学改革两条主线，坚持"国家课程校本化、选修课程特色化、社团活动课程化、隐性课程系统化"的课程建设思路，致力于构建多层次、多元化、可选择的课程体系，实现育人模式的多样化、特色化和优质化。

在国家课程校本化的过程中，我们采取"加一加、减一减"策略。"情趣作文"是我们在小学语文课程中增补的一项基础性内容。我们在不增加课时的情况下，通过减少每学期用于复习的课时，从二年级开始，每学期增加十节情趣作文。二年级至六年级的十个学期中，我们增补了 100 个情趣作文素材。这些素材以兴趣为核心，让游戏、活动、实践走进课堂，让课堂生活化。孩子们在老师的组织下，一边做实验、玩游戏、进行社会调查，一边练写作。真正实现先玩后写，边玩边写，玩中学写，不玩不写。"好玩的数学"是我们在小学数学基础课程中增补的一项内容。我们将魔方、汉诺塔、七巧板等数学游戏按照形、数、博弈、逻辑等几大类，根据学生身心发展的年龄特点，巧妙地结合到一年级到六年级的数学学习中。通过数学游戏，激发学生的学习兴趣，提升学生的思维能力。我们发现，小学生在学英语的过程中，喜欢唱英文歌曲，看英文版的动画片，读英文原版绘本，根据这一特点，在英语教学中，我们构建起 "60 首英文歌曲 +60 本英文绘本伴我成长六年"的校本课程。

为了培养学生的创新意识、创新精神，具有批判质疑、勇于探究、敢于实践的能力，我们在课程建构中把"科创类课程"作为学校拓展性课程的重要组成部分，向学生提供航模、车模、船模、3D 打印、创客、七巧板、头脑奥林匹克（OM）等十多门个性选修课。下面，我想以我们学校一名数学老师创建、开发头脑奥林匹克课程为例，谈谈我们是如何一步一步创建出一门课程的。

我们学校有位数学老师，叫陈书玉，她对发明创造、动手制作情有独钟。一次偶尔的机会，她了解到国际上有一项"头脑奥林匹克竞赛"，这是一项旨在培养学生创新能力，培养学生团队合作精神的科技创意比赛，全世界 100 多个国家和地区数万所学校都在参与的赛事。她对这一赛事很感兴趣，就带着自己班级里的几个孩子利用课余时间，一起设计、制作，几个孩子在她的带领下，除了上课，几乎所有的课余时间都泡在了她临时开辟出的制作间里，连双休日也沉浸其中，乐此不疲。由于全身心地投入，功夫总算没有白费，最终，我们学校首次组队参加全国头脑奥林匹克竞赛，就获得了二等奖的好成绩。看到她和几个孩子玩得不亦乐乎的样子，她所任教的两个班级学生也都想参加。经不住孩子们的苦苦请求，她在自己任教班级的学生中，成立了OM兴趣小组。摸爬滚打了一年后，陈书玉老师带领的OM兴趣小组在全国头脑奥林匹克竞赛上一举夺魁，还获得了前往美国参加第35届世界头脑奥林匹克竞赛的资格。连续两年的影响，头脑奥林匹克一下子成了我们学校学生都想参加的一项活动，怎么让更多的孩子参与这项科技创新活动呢？经过商量，我们决定让陈书玉老师为五年级学生开设OM科创课程，每周一节课，试行一年。从一项比赛到成立一个兴趣组再到开设一门课程，如今，OM科创课程不仅是学校所在区域内的一门精品课程，还被列入宁波市重点课题。我们在一边做一边摸索中，拟订了课程标准，编写了相关教材。OM从一个单纯的比赛活动上升为一门课程，让老师们看到了课程建构、开发的真实样本。老师们不再觉得课程开发是一件多么难的事了。

在摸索拓展类课程的过程中，我们学校经过几年的实践、总结与提升，已经形成一批相对成熟的校本课程，学校的办学特色也因此不断彰显，短短几年时间，我们就荣获180多项区级以上集体荣誉，成为区域内深化课程改革的典范。

学校的产品是课程，抓住课程这一管理核心，就能用课程改变学校；用课程引领教师专业发展；用课程培育学生，让个性化教育落到实处，真正落实立德树人的根本任务。

升旗仪式上的思政大课

···

自 2020 年以来，因为受新冠肺炎疫情的影响，学校不能组织大型集会，每周一次的升旗仪式怎么办呢？经过商议，我们将户外升旗仪式改到室内，将线下现场升旗仪式改为在线直播。因为场地、形式的改变，带来了升旗仪式内容的革新。每周一次的升旗仪式，已经成为我校 2000 多名师生每周一节的思政大课。短短两年时间，近 100 节的思政大课，成了我校"周一有约思政课"品牌。

因疫改变，线上直播

德育处和信息中心将学校的报告厅作为升旗仪式直播主会场，依托钉钉办公群，各班只要打开教室里的多媒体，就能在线收看。升国旗、奏唱国歌环节，少先队大队部每周都会提前将光荣升旗手升国旗全过程视频拍摄制作好，通过报告厅主会场大屏幕转播至各班，各班学生站在教室里，依然有身处操场国旗下集会的感受。

根据疫情防控要求，每次升旗仪式，报告厅主会场，我们或者按年级轮流，安排一个年级的学生到现场间隔着就座，或者安排两三个班级 150 人左右到现场参加。两年的室内升旗仪式，在线直播，因为有主会场大屏幕这一设备，我发现升旗仪式的效度远远超过户外。因疫改变，因祸得福，成就了我们每周一节的思政大课。

精挑细选，精心安排

线上直播升旗仪式，因为少了从教室到操场集合，从操场回教室有序退场环节，可以节省 5 ～ 8 分钟。怎么用好这些节省下来的宝贵时间呢？德育处成立了一个精彩短视频搜集小组，利用一周的时间，为下一周的星期一升旗仪式精挑细选优秀素材。这些素材有的是一周要闻速览里具有历史性意义的，如《一起送别袁隆平》、《祖国不会忘记！今天，接英雄回家》、《"祝融号"成功登陆火星》、《孟晚舟：回家的路，是世间最暖的归途》、《神州十三号载人飞船发射》、《浙世界那么多人》抗疫 MV 等；有的是深受孩子们喜爱的歌曲 MV，如电影《你好，李焕英》主题曲、电影《长津湖》主题曲、《祖国有我》、《强国少年》、冬奥歌曲《一起向未来》等；有的是具有互动答题设计的"红领巾爱学习网上主题队课"系列短片。

每次升旗仪式正式开始前 5 分钟，德育处向各班推送精挑细选的短视频，各中队辅导员组织学生收看。如果推送的短视频是孩子们喜爱的歌曲，该歌曲就作为这周的每周一歌，各中队利用午间休息时间继续播放、传唱。精挑细选的短视频就像一个与时代同频共振的主旋律，让师生"两耳要闻窗外事"，与祖国同呼吸共命运。

升旗仪式整个过程，短则 25 分钟，长则 40 分钟，是一个需要严丝合缝的庄严活动。我们精心安排了"播放短视频—出旗奏乐介绍升旗手—升国旗奏唱国歌—国旗下讲话—值周小结"等环节。在这些环节中，"国旗下讲话"安排得当与否，是区分"普通升旗仪式"与"思政大课"的核心与关键。为了让每周一次的升旗仪式由孤立的常规教育活动跃升为"思政大课"，我们对"国旗下讲话"的主题与内容进行了精心编排，用课程理念架构每周一次的国旗下讲话，让它成为有主题、有序列、有勾连、有系列的教育内容。主讲内容精心撰写，课件精心制作，主讲采用 TED 演讲风格。如果是党员讲党史，我们还要求主讲者佩戴党徽，手持的讲稿套上我们精心制作的有党徽标识的红色绒布讲义夹。

思政大课堂，党员讲党史

2021 年是中国共产党成立 100 周年。为了贯彻落实习近平总书记《在党史学习教育动员大会上的讲话》的精神，为了落实党中央《关于在全党开展党史学习教育的通知》的具体要求，我们围绕党史、新中国史、改革开放史、社会主义发展史，在升旗仪式上开设了"党员讲党史""8090'四史'宣讲"栏目。每次一主题，几个序列构成一个大板块，让静态的党史图片、平面的党史文字，通过党员、青年教师的绘声绘色讲解，变得有声有色、生动形象。在精彩的讲述中，穿插播放珍贵的影像资料，切入重大历史影视片中的片段，让党史教育贴近儿童，让"四史"学习深入浅出。

2021 年 2 月，新学期开学仪式上，我们以"红领巾心向党、学党史跟党走"为主题，开启了整整一个学期的党史学习系列活动，从"中国共产党的成立"到"党的十八大胜利召开"再到"庆祝中国共产党成立 100 周年大会"，把中国共产党这本最生动、最有说服力的教科书，跨越时空，变成滋养青少年儿童成长的养分；变成发扬红色传统、传承红色基因，赓续红色血脉的磅礴力量；变成立德树人宝贵的精神财富。

每周讲一课，《读本》一起学

为深入推动习近平新时代中国特色社会主义思想进教材、进课堂、进学生头脑，增强学习的系统性、实效性，落实立德树人根本任务，2021 年秋季学期，《习近平新时代中国特色社会主义思想学生读本》（以下简称《读本》）在全国全面投入使用。如何把《读本》落到实处，真正成为师生日常的必读、必学内容呢？我们在升旗仪式上，开设了"师生共学《读本》"专栏，每周一期，每周一课。从"我爱你中国""一心跟着共产党""走进新时代"到"我们的中国梦""习爷爷教导记心间"。为了丰富共学形式，我们创造性地推出了情景表演、访谈、线上线下互动等多种学习样态。每次到了习近平总书记的"金句"诵读环节，直播主会场的学生和各班分会场的学生一起齐声诵读，孩子们稚嫩而坚定、响亮而情绪饱满的声音响彻云霄，成为我校师生开启新的一周学习生活的美妙序曲。

厚植爱国情，学生唱主角

2019 年 3 月 18 日，习近平总书记主持召开学校思想政治理论课教师座谈会并发表重要讲话，他强调青少年是祖国的未来、民族的希望。我们党立志于中华民族千秋伟业，必须培养一代又一代拥护中国共产党领导和我国社会主义制度、立志为中国特色社会主义事业奋斗终生的有用人才。在这个根本问题上，必须旗帜鲜明、毫不含糊。习近平总书记强调，青少年阶段是人生的"拔节孕穗期"，最需要精心引导和栽培。我们办中国特色社会主义教育，就是要理直气壮开好思政课，用新时代中国特色社会主义思想铸魂育人，引导学生增强中国特色社会主义道路自信、理论自信、制度自信、文化自信，厚植爱国主义情怀，把爱国情、强国志、报国行自觉融入坚持和发展中国特色社会主义事业、建设社会主义现代化强国、实现中华民族伟大复兴的奋斗之中。

为了让每周一节的千人思政大课深受学生喜爱，我们开辟了一个面向全体学生的专题"我来当主播"，每位学生都可以申请做一次主讲嘉宾，讲述自己心中的爱国情。孩子们把目光聚焦在身边的榜样身上，和大家分享"我的党员爸爸""抗疫中的妈妈"等故事；孩子们把目光聚焦在自己身上，和大家分享"我是一个昆虫迷""坚持的力量——21 天孵小鸡实践"等故事。这些来自身边的真人真事，这些来自生活的鲜活故事，很容易让大家产生共情。孩子们在传递正能量的过程中，对爱党、爱国有了具象化的认识与理解。

用课程的理念做指导，让一周一次孤立的升旗仪式变成了 2500 多人的思政大课。精心挑选素材，精心编排流程，精心构思内容，每周一节的思政大课，让全校师生的知识面拓宽了，视野拓展了，教育效果增强了，爱国情加深了，民族自豪感增强了。由室外改到室内，由线下变为在线直播，因为使用了多媒体设施设备，思政大课变得更加直观形象了。与时偕行、与时俱进，思政大课的内容变得更加鲜活了。

原本因为疫情影响，室外升旗仪式被迫改为线上直播，是一件迫不得已的事情。没想到，顺势而为，竟然让我们开创性地找到了全校师生每周同上一节思政大课的革新方式。这正应了那句"只要思想不滑坡，办法总比困难多"的老话。因此，做好新时代大中小学的思政教育，我们大有可为。

磨砺出智慧

北京冬奥会，18岁的谷爱凌在自由式滑雪女子大跳台项目中一举夺冠，成为最耀眼的明星。天才少女、天赋异禀……溢美之词，无以复加。但她在接受采访时却说："我只有0.1%的天赋。"当我们在欣赏、赞美、艳羡她空中转体1620度，跳出世界最高难度的同时，不要忘记她曾经摔断过锁骨，发生过脚骨骨裂、手骨粉碎性骨折，甚至摔到头部，短暂失忆，被诊断为脑震荡等的艰难磨砺。

水尝无华，相荡乃成涟漪；石本无火，相击而发灵光。不经一番寒彻骨，怎得梅花扑鼻香。没有含泪播种，怎么会有含笑收获。吃一堑长一智，智慧源于教训，智慧源于磨砺，智慧源于坎坷。古之立大事者，不唯有超世之才，亦必有坚韧不拔之志。

艰辛的正高评审历程

⋯⋯⋯⋯⋯⋯⋯⋯⋯⋯⋯⋯⋯⋯⋯⋯⋯⋯⋯

　　有些事，有没有必要用白纸黑字记录下来，我曾经纠结过许久。就拿参评正高级教师来说，期间的艰辛历程，等事后再去描述时，当初的体验已经丢失大半。另外，期间的许多鲜为人知的细节，我只能让它烂在肚子里，独自慢慢消化。或许有人会说，至于吗，评个正高级教师有这么难吗？的确，对于那些十拿九稳的教师而言，也许根本算不上什么难事，但对于绝大多数如我一样境遇的教师而言，无疑是攀越珠峰。

　　在中小学、幼儿园教师中推出评审正高级教师，这是党的十八大以后推出的新举措。2013年，浙江省率先在宁波、嘉兴、衢州三个城市进行试点。试点以后，沉寂了三年，2016年，浙江省人力资源和社会保障厅、浙江省教育厅正式在全省推行正高级教师评审。设定的最终目标是，正高级教师占全省教师总人数千分之一。每年在全省中小幼教师中评定150人左右。达到千分之一比例后，评审会更加难，每年评定的人数要视正高级教师退休情况而定。

　　2016年，正式推行的第一年，我因为对自己没有信心，不敢申报；2017年，我因为没有看通知，以为申报时间是国庆节后，国庆节期间，我天天埋头填表格、整材料。没想到，国庆长假后一询问，申报时间早已结束，七天的辛苦付之东流。2018年，虽有心参加评审，无奈初选时，我人在国外培训学习，与正高级教师推荐再次失之交臂。

2019 年 9 月底，终于等来了正高级教师宁波地区初审申报。整个国庆节，我都守在学校里，一边防御第十八号台风"米娜"，一边填写正高评审表、编辑佐证材料，近 20 页的评审表，要撰写的文字材料多达上万字。除此之外，我还要把自己 2004 年获评高级教师以来上过的公开课、做过的讲座、发表过的论文、获得过的奖励一项一项梳理清楚，分类罗列，且每一项都要有相应的证书佐证。

做材料倒不算什么，国庆长假七天，我一个人独自在办公室里慢慢整，总能应付。最焦虑的是没有时间准备应考。正高级教师评审除了提交材料，还要进行说课、论文答辩。说课就是任意给一篇课文，准备 30 分钟后开始考核。当过老师，接受过这类考核的人都知道，仅此一项，就够难的了。小学六年 12 册教材，近 400 篇课文，要在十几天的时间里准备一遍，即便不吃不睡，一天能准备十篇课文已经是极限了。

10 月 8 日到 10 月 21 日，白天上班期间，我根本没有时间和心思准备，每天只有到了夜晚才能腾出一点儿时间，熟悉下教材，练习下说课。焦虑与不安，让我吃不好、睡不好。焦虑是因为没有时间认真准备说课与论文答辩，不安是因为宁波地区初选时有 27 名校园长参评，而指标最多只有 9 个。

关于正高级教师评审，制度设计中规定：担任校园长、支部书记（含党务、行政副职）的参评人数不能超过总参评人数的 30%，担任教研员的不能超过 15%。拿宁波地区举例，2019 年可以推送到省里参评的人数是 29 人，有行政职务的不能超过 9 人，教研员只能占 4 个。说真心话，对这一规定，几乎所有的教研员、校长都很有意见。学而优则仕。但在教育系统里，有一个选拔教研员、校长、副校长的规则——教而优则仕。我不敢说百分百，但至少，绝大多数教研员、校长、副校长都是从优秀教师中选拔上来的。他们绝大多数都是一线优秀教师，可在做了教研员、校长、副校长后，参评什么都要设限。

10 月 21 日，正高级教师宁波地区初评选拔在宁波教育学院进行。清晨

5点，我早早起床，匆匆到学校，想利用早上这段没有人打扰的时光，"临阵磨枪"。上午9点30分，赶到宁波教育学院抽签，确定下午说课、论文答辩的序号。抽好签，我是中小学语文、品德组三号，下午1点15分才轮到进准备室。还有三四个小时，怎么度过呢？教育学院有个宾馆叫育才大厦，我想开个钟点房，减少外界干扰，静心准备一下，没想到，房间早被参评的老师们订购一空。等我去订房间的时候，就剩下一个套房，四个小时就要300元，真贵呀！但是贵也得要，因为这会儿已经没有挑选的机会了。

下午1点15分，各个组的三号面试选手排着队被监考老师带到准备间。大家依次坐好后，监考老师发考试用纸，看到说课题目的那一刹那，我脑海里一片空白。短短30分钟的时间，说真的，课文从头到尾读两遍，熟悉一下内容差不多就需要10分钟。好在，我抽到的课文是自己前段时间复习备考时准备过的。

宁波地区初选，在忐忑不安的等待中，终于得到一个自己想要的结果——初选通过。初选通过，只是万里长征迈出的第一步。漫漫征程才刚刚开始。参评正高级教师，是正常工作外的一件临时事情，它不是我生活的全部。初评一结束，我就马不停蹄地落实"甬派教育科研培育基地"展示活动、"不忘初心、牢记使命"主题教育活动。真正考验人耐性的是网上申报。初评结束之后，我们要登录全国教师信息网，进行网上信息录入。美其名曰"只跑一趟工程"。10月26日，星期六，天下着大雨，阴沉沉的，天色一直亮不起来，始终像是傍晚。早上不到6点，我就到学校做填写网上信息的准备工作。上午8点30分，王红霞、朱佰文老师到学校协助我录入信息。直到下午5点，我们才把信息录入完毕，等我们要导出信息时，发现错误百出，表格中许多栏目信息丢失，许多信息排序不正确。

我们一边录入信息，一边请教宁波市教育局人事处领导以及宁波市装备中心信息管理员。40多人的微信群要多热闹就有多热闹，几分钟未浏览，留言就五六十条。因为我所遇到的问题，其他参评者都遇到了。忙碌了整整一天，我不好意思再耽误王红霞、朱佰文老师，让他们回家休息，计划到周日自己再慢慢琢磨信息录入的"技术活"。周日一早，我把所有需要佐证的证书材料，一张一张拍照，然后变成 800×600 像素的图片，发给远在余姚老家的朱佰文老师，辛苦他帮我导入到教师信息网中。我原本以为，经过两天的奋战，信息录入就算"大功告成"。没想到，经过上级审核后，两个字"不行"。原来上传的附件不能用图片格式，要全部改为 PDF 格式。从 10 月 26 日开始录入信息，反反复复一直持续到 11 月中旬，正高级教师还没有正式开评，录入信息先给所有参评者一个狠狠的"下马威"。

那段时间，我一边要忙正常的教学工作、学校管理工作，一边被信息录入搅得心神不宁，根本无暇静下心来准备说课、论文答辩的应考。我不止一次地想打退堂鼓，真的太折磨人了。

进入 11 月，人始终在忐忑、焦躁不安中度日，因为没有谁知道确切消息，无法了解省里正式评审会在什么时候进行。而且，今年省里评审又出了一个新政策：获得国家级课题二等奖以上成果的前三名参与者，可以豁免地区初选，直接入围省里的终评。原本入围正高终评应该是 225 人，评定 150 名左右。现在全省一下子增加了 34 位竞争者，总参评人数一下子增至 259 名。这就意味着获评的概率在变小。

2019 年，不仅是中华人民共和国成立 70 周年，也是我们学校建校十周年。虽然有关文件规定，不能举行校庆、典礼等活动。但从长远发展角度看，一所学校办学逢整十整百，作为一个历史节点，不总结一下，将来或许要背骂名。作为一名基层学校校长，我早就思考好，用一个月的时间，进行一次全方位的十年办学成果展。从 10 月 18 日启动，到 11 月 23 日结束。十年成果展，我们打算向社会献上"六个一"，即一本画册、一部宣传片、一本书、一系列教学展示、一个书画展、一台文艺演出。为了能如期完成这些重要事项，那段时间，我们真的累到快趴下了。我和校办主任王红霞老师、美术老师张磊负责画册的编撰，为了这本将近 100 页的画册，我差不多浏览了办学十年来万余张照片。有时，为了从网上学校照片资源库中找一张几年前的相片，两眼盯着电脑一两个小时，却常常没有任何结果。

一边是这些琐碎却又不得不做的日常工作缠身，一边又忧虑着如何抽出精力应付正高级教师面试。焦虑除了让我失眠之外，全身的老毛病湿疹也彻底爆发了，我时常感觉浑身奇痒无比。平日里，我尽量克制自己，不外显一点儿忧虑、烦躁的情绪，始终保持着一种谦谦君子的淡定模样。只有到了双休日，学校空无一人时，我才用投掷篮球、胡乱地吼几嗓子歌声等方式，发泄和释放郁积在心头的苦闷。

12月21日，星期六，连着几天的冷风冬雨，整个世界像是梅雨季节般潮湿，我的心情也始终阴阴的、潮潮的，开朗不起来。为了帮我壮胆，也为我提供一点儿出行方便，陈佳美副校长和总务主任赵迪晖老师决定陪我一起到杭州参加正高级教师面试。赵主任开车送我，陈校长负责当模拟考官。当天晚上，到了杭州，入住宾馆后，陈校长随意抽签，给我出说课的课文，根据我的论文给我出模拟答辩的题目。在宾馆里，我又经历了一个晚上的魔鬼式训练。等操练结束，时针已经指向深夜1点。

我迷迷糊糊睡了三四个小时，清晨5点起来复习。早上8点赶到浙江传媒学院参加终评面试。在学生活动中心大会场，浙江省教育厅的有关领导为了舒缓大家紧张、焦虑的心态，把往年正高级教师评审过程中发生的一些事情，如同讲故事般说给我们听。我印象最深，也是最为夸张的一个事例是，去年有位参加终评的老师，紧张到把家里的床搬运到杭州，因为别的床她睡不着，等面试结束后，直接就被送往医院住院了。

听了浙江省教育厅有关领导的宽慰，大家都会心地笑了。笑归笑，其实在场的选手没有一个不感到压迫感。259位选手，被分成十多个组，有的组参评教师多达20人，每位选手面试时间25分钟，等最后一位选手面试结束，估计要到晚上8点。小学语文一共22人，被分成两组，我的面试号是8号。在漫长的等待中，我看到大家和我一样，都好紧张。有的老师不停地上洗手间，有的老师对着窗外一支接一支地抽烟，有的老师歪斜在座位上打盹。不甚亮堂的大礼堂里，满是焦虑的眼神、憔悴的脸庞、疲惫的身影。200多位参评老师绝大多数都是特级教师、省市区教研员、校园长，若在平时，他们一定是坚毅、果敢、自信满满的样子，但在今天，他们都褪去了往日的淡定、沉着，变成了诚惶诚恐的应考生。

下午 1 点，轮到我说课准备时，正是人最困顿的时间。虽然夜里才睡三四个小时，但在漫长等待的过程中，我一刻也不敢打盹。为了让自己保持良好的状态，从来不喝咖啡的我，连着喝了几杯咖啡提神。50 分钟的准备，25 分钟的应考，终于结束了。接下去便是度日如年般漫长的结果等待。

我絮絮叨叨，像流水账一般写下艰辛的正高评审历程。这些琐碎的绿豆芝麻小事，如同旧社会懒婆娘的裹脚布——又臭又长。既然如此，我为什么还要不厌其烦地唠叨自己的心路历程呢？我想让大家知道，真的不要艳羡别人镁光灯下的成功，任何一个成功的背后，都有许多鲜为人知的辛酸与艰辛。我们更不要鄙视别人，觉得别人看不开、放不下，好像参评正高级教师就是一种功利心在作祟，不要觉得获评正高级教师之后工资调高了，别人是既得利益获得者。看一看别人的艰辛历程，想一想，如果是你，受得了这期间的磨砺吗？不要艳羡花儿盛开的美丽，那是用泪水和汗水浇灌来的。

没评上，不等于你不优秀

"特级教师"这个称谓，对于一名普通中小学、幼儿园教师而言，是一个无上光荣的称号。1978 年 4 月 22 日至 5 月 16 日，全国教育工作会议在北京召开。会议提出要提高教师的政治地位和社会地位，提倡全社会尊师重教；改善教师的工作条件和生活条件，解决教师工资低、待遇差的问题。邓小平指出："要采取适当的措施，鼓励人们终身从事教育事业。特别优秀的教师，可以定为特级教师。"根据这一指示精神，当年各省（市、自治区）便开始了首批特级教师评选，并逐步建立起中小学、幼儿园教师评定特级教师的制度。

特级教师评审，从一开始的直接认定，到后来的逐级审核、考评，相关制度在实践中得到不断完善。现在，全国各地形成了以省（直辖市、自治区）人民政府为终评单位，绝大部分省市四年评审一次，个别省市两年评审一次。由于评审年限长，评选指标少，评选难度大，因此，特级教师这一荣誉称号成了许多教师实现人生抱负，凸显人生价值的最大梦想。不想当将军的士兵不是好士兵，从事中小学、幼儿园教育工作的老师，几乎没有人不渴望成为特级教师。

我有位特别熟悉的朋友，他是一所规模很大学校的校长，不仅学科教学业务强，而且学校也管理得好。四年一届的特级教师评审，他从三十五六岁时就开始参评，每次过五关斩六将，但总是在最后终评时名落孙山。连着四届，整整 16 年。第四次名落孙山之后，他大病了一场。等病好之后，我们见面，他再也不提专业发展、学校发展的事了。现在的他，除了工作之外，朋友圈里晒得最多的是修身养性、健跑爬山。我不知道如何安慰他，哀莫大于心死。我知道，他太需要成功来浇灌干渴的心灵之树了。

从走上工作岗位到退休，说长不长，说短不短，也就 30 多年，他苦苦拼搏了四届，16 年，从踌躇满志、意气风发的青年到年过半百两鬓泛白的大叔。一次又一次的挫败，让他变得越来越不自信，让他感到压力越来越大。经历一次次的无功而返，他说：我怎么去面对周围的同事、朋友？学校的老师会怎么看待我这个一次又一次名落孙山的校长？

看着曾经专业精进、心无旁骛的好友，如今变成一副无欲无求、未退先休的模样，我感慨不已，我真想对他说："没评上，不等于你不优秀。"虽然这句宽慰的话很苍白，但我说的是实情。现在的特级教师、正高级教师评审，在制度设计上，对担任校长、副校长职务以及教研员身份的教师卡得非常严格，不仅在申报时有明确的比例限制，而且在评审环节还有许多要求设置。为了照顾农村、海岛，为了照顾欠发达地区，为了照顾山区的县市区，为了照顾一线的普通教师，为了区域相对平衡，在评审的终评环节，常常会出现这样的一种现象：业绩考核优良、面试论文答辩考核优秀的教研员和校级领导被刷下，而那些业绩平平、面试考核极其一般的普通教师，因为符合某个照顾条件，通过了。

"没评上，不等于你不优秀。你或许只是游戏规则的失败者、牺牲者。"当老师，从入职到退休，要经历许许多多评先评优，如教坛新秀、学科骨干、名师特级、正高级教师评审，如优秀教师、师德标兵、师德楷模、全国先进教师评选，还有职称晋级考评等。这些评审、评比，不像运动会上的跑步、跳高比赛，谁跑得快、跳得高，大家一目了然。这些评审、评比，从机缘、参评者的身份到参评者所处的地域，甚至特定时期的某项特定制度等因素，都会对结果产生影响。评上的未必比没有评上的优秀，落选的也未必真的不如上榜的。评上的，切不可自命不凡；落选了，也不必妄自菲薄。如果我们能看清这一点，也许就会释然许多。

教育系统设置的评先评优、名师骨干评选、职称晋升等制度，是为了引导广大教育工作者不断追求专业发展与精进，激发广大教育工作者在教书育人的过程中不断成长。作为其中一员，如果我们不能做到超凡脱俗，就应该在看重结果的同时更看重过程。全国教书育人楷模、正高级教师、特级教师等，这些浮名固然光芒耀眼，但我们在朝着这些目标迈进的过程中，更重要的是上好每一节课，育好每一名学生，做好每一天的教育教学工作，享受每一天教书育人带给自己的快乐与幸福。这些远方的目标、身外的浮名只能是注解我们价值的一个标签，只能是我们专业精进的一个附加产物，但它绝对不应该成为我们从事教育教学工作的全部和唯一奋斗目标。如果把这些东西作为当老师的初心追求，那就本末倒置了，一旦努力再三却不能得到，我们就会产生心灰意冷之感，这是不可取的。

翻看孔子、卢梭、夸美纽斯、苏霍姆林斯基等大教育家的个人简历，我没有看到有什么特级教师、正高级教师等光环与头衔，但一点儿也没影响他们在我们心目中的地位与形象。能成为正高级教师、特级教师固然可喜可贺，但如果能看淡这些浮名，把自己的全部注意力放在研究教育教学规律、研究学生成长规律上，以出世之心做人，以入世之心做事，更让人肃然起敬。真正的名师、大师应该属于那些潜心探寻教育规律、心无旁骛进行学术研究的老师；真正的名师、大师应该属于那些被学生喜欢、被家长认可的"好老师"；真正的名师、大师应该属于那些边教书边著书立说、什么头衔都没有的"无冕之王"。

有心参加各级各类评审、评比，没评上，不自暴自弃；无心参加这些人为设定的游戏，不参评，却能始终不忘初心，这都是优秀的表现。有入世之心，以天下苍生为己念，不以物喜不以己悲；有出世之心，坐看庭前花开花落，笑望天上云卷云舒，超然于世外潜心于事业之本身，都是真正的教育家。只问耕耘，不问收获，把所有的评审、评比、评先评优当作前进路上的赠品、附加物，这样的你我才是最优秀的。

难忘的校庆，焦灼的心

....

2019 年，是中华人民共和国成立 70 周年，也是我们学校建校十周年。不知从何时起，凡是有"典礼、庆典"等字样的活动，是禁止、不允许举行的。说心里话，我对这样的规定，坚决拥护。谁愿意没事找事，谁不知道不干事的快活？但从长远发展的眼光看，逢整十整百的年份，作为一个历史节点，一所学校需要有一些纪念活动载入史册。作为一校之长，在一所学校任职时间极其有限，遇到这些关键时间节点，如果不为学校留下一点儿东西，将来或许要背负骂名。正是基于这样一种考虑，我还是决定自寻烦恼，举行一些庆祝活动，以纪念学校办学十年的历程。

举行相关庆祝活动，有两种不同的安排策略，一种是提前一年半载或者更长的时间，把庆典变成一项战线很长的工作；另外一种是用较短的时间，采用短平快的方式。两种方式，各有利弊。根据我们学校的实际，经过和学校中层以上领导干部的商议，我们选择了后者，以减少对正常教育教学的过多干扰。从 2019 年 10 月 18 日启动，到 11 月 23 日结束，我们打算用一个月的时间完成六项相关任务，即一本画册、一部宣传片、一本书、一系列教学展示、一个书画展、一台文艺演出，向社会全方位立体展示学校办学十年的成果。六项任务分别由一位中层以上领导主负责，组成六个工作组，推进相关工作。时间短，任务重，这一个多月的日子，注定是忙碌而紧张的。

作为一校之长，为了起到带头作用，我自愿认领了编辑学校办学十周年画册这项任务，和校办主任王红霞老师、美术老师张磊等组成了一个工作组。我们在借鉴二三十本其他学校画册基础上，构思了一个我们学校的画册框架。当张磊老师把画册初稿拿给我审阅的时候，已经是11月8日。画册只有40页，全部是一张张照片的堆砌，几乎没有任何文字说明。看到这样的初稿，我意识到，我过于乐观，低估了画册编辑的繁杂与难度。11月9日与10日，我利用双休日的时间，一个人呆在办公室里，安安静静地重新架构画册的板块、框架，又静下心来撰写画册前言，再为每一张照片补充文字说明。十年的辉煌办学历程怎么能就这么几页呢？11月11日，周一，张磊老师负责编辑我双休日整理好的内容，我继续从学校网络资源库中寻找照片、素材。用了整整两天时间，我对着电脑，从上万张照片中不断筛选。眼睛因为长时间盯着电脑，刺痛、发花。有时为了寻找某一张照片，往往浏览一两个小时，却毫无收获。那种焦急难耐的感受，真是任何文字都难以描述的。好在办学十年，我是亲历者，往事历历在目，学校经历的一些大事，我都心中有数，许多照片，不是亲历者，是很难找出来的。我与其指挥别人，不如自己亲力亲为。

张磊老师告诉我，画册必须在11月15日交付印刷厂，否则11月23日庆祝活动前，根本就印刷不出来。为了抢时间，我只能坐在张磊老师身边，一页一页指导着张老师编排，一边编排，一边校对。短短四天时间，画册从40页增加到80页。画册中涉及的照片一个日期都不能有误，一个名字都不能出错，画册中的每个文字、标点都不能出错，主题标语的英文翻译不能有语法错误。这是一项极其严谨严肃的事儿。最让我抓狂的是，这边不吃不喝要编辑画册，那边其他几项任务也要我参与定夺、审核。人在被多项任务不断干扰下，情绪很容易失控。

俗话说，摆酒容易请客难。11月23日，我们要向社会展示一台体现学校艺术教育成果的文艺晚会。除了学校的师生、家长朋友之外，我们还计划邀请各级各类领导、兄弟学校的校长等一同来观摩指导。要请这些领导、校长得亲自出面，不然，别人会觉得你不够有诚意。将近 200 位嘉宾，我不仅要先打电话、发短信或微信邀请，还要给他们送请柬，邀请过后还要进一步确认是否能参加。虽然王红霞、徐建良、王蕙兰等老师帮我做了大量的协助工作，但这些琐碎的工作，还是耗费了我大量的时间和精力。那几天，因为忙碌，总担心会一不小心漏了、忘了信息核实，我都快"神经质"了。或许有人会不理解，这样的事也要校长亲力亲为吗？邀请嘉宾出席，尤其是领导出席活动，其中受制约的因素太多太多，许多事情，如果校长不出面，往往会事倍功半。

最让我焦躁不安的是 11 月 23 日晚上的文艺展演。为了让全校师生、家长都能观看演出，又不用花费高额的经费租用大剧院，我们选择放在学校室外的大操场上。放在室外，最不可控的因素是天气，这是令我焦躁不安的主要原因。那段时间，我每时每刻手机不离手，几乎每隔几个小时，就要看一看气象预报。演出前三天，气象预报显示是阴天，可到了演出前两天，手机里气象预报显示的又是小雨。怎么办？室外舞台搭造、场地布置都已经准备就绪，演出的邀请函都已经发出。不可能临时更改时间、更改场地。为了获得确切消息，我们找到宁波气象局有关人员，希望给我们一个更加准确、可靠的信息。

气象局的工作人员非常准确地告诉我们 23 日下午至夜晚 10 点，是阴天，不会下雨。听了气象局工作人员信誓旦旦的话语，望着窗外如春雨般绵绵不绝的细雨，我还是感到有些心神不宁。22 日，我们冒着蒙蒙细雨彩排，我搬了把塑料小座椅，坐在舞台下的一个角落里，一边看彩排，一边不停地祈祷，希望老天开眼，明天能给我们一个灿烂的晴天。

22 日夜里，我开始失眠，几乎一个小时起来一次，撩开窗帘看外面是否还在下雨。23 日清晨 5 点多，我就起床赶往学校。外面的细雨，虽说不大，但足以把人淋湿。看手机上的气象预报几乎成了我每 10 分钟看一次的下意识动作。期望晴天是不可能了，我现在最期盼的是不要下雨。

绵绵细雨一直下个不停，整个世界一片雨雾，阴沉沉的。这哪里是冬日的宁波天气呀，简直比春天梅雨季节还有过之而无不及。3500多位师生、家长穿着一次性塑料雨衣已经坐在操场上的塑料椅子上。上级主管领导望着窗外毫无停下来迹象的雨，临时给我们召开紧急会议。最后商定：如果雨停不下来，演出正式开始半个小时候后就终止，后面的节目以后通过在线播放来观看。

经过近一个月精心准备的一台文艺晚会，花重金搭造的舞台，如果只能演半个小时，那该多可惜呀。但没有办法，让学生、家长冒雨观看演出，不管怎么说，都是不合适的。在这个人人都是信息发布者的时代，如果因为负面舆情，引发社会关注，谁都不会站在学校角度给予理解与宽恕的。让我们感到万幸与不可思议的是，当主持人宣布演出正式开始，雨竟然奇迹般地停了，而且在我们演出的一个半小时里，一丁点儿雨都没有下。我不知道是我们的诚心感动了苍天，还是天公作美，成全了我们多日的祈祷。总之，那天的文艺演出，效果出奇得好。即便是这样，我坐在那里，还是心神不定，唯恐出什么纰漏。

那段时间，内心的焦灼只有自己知道。我一边要准备校庆的六项内容，一边正在参加正高级教师评审。校庆的一个月里，也是我参加宁波市初评，填报省级网上信息资料，准备省级终评的日子。因为校庆，满脑子都是繁杂的事务，根本没有时间静下心来看书、准备说课、准备论文答辩。我时常为大脑无法在几项任务间有序切换而焦虑，满脑子的"量子纠缠"，失眠、全身湿疹就是最显性的体现。

在一片祝贺声中，我偷偷写下这些苦涩的记忆碎片，既是对每个不曾辜负的日子的一种交代，也是对自身工作的一种审视。许多事情，对每个人来说，都是大姑娘上花轿——头一回。因为有了这些文字的描述，如果再让我遇到此类事情，我便知道该如何进行取舍与谋划了。一切过往，皆是序章。我能写下这些片言碎语，说明还没有被折磨崩溃。面对过往，我灿然一笑，悄悄地抹把眼泪。自己选的路，再难我也要把它走到底。

校园里的树，令我自责不已

....

四五月，是宁波一年里树木最葱茏的时节。遮天蔽日的浓阴，油光发亮的树叶，会让人感怀，让人惊叹。每每这个时候，走在校园里，我都会自责、内疚，甚至懊恼不已。

2009 年，宁波国家高新区管委会投资 1.2 亿元，新建高新区实验学校，我有幸参与筹建。按计划原本应于 2010 年 4 月 1 日交付校方的新校舍，工期一拖再拖，一直到 7 月才完工。负责校园绿化的公司，在吊种香樟、沙朴等乔木时，一股脑儿地将建筑垃圾用铲车推至这些树木根部，仅仅在树木根部上方填埋一些泥土。对此，我极力制止，无奈人微言轻，施工方根本不理会。有时和他们激辩，他们怼我说："不用你操心！按照合同，两年内树木枯死，我们会负责更换的。"对他们来说，这种处理建筑垃圾的方式是习以为常的。

绿化公司果真料事如神，两年里，这些乔木虽然明显营养不良，但还是顽强地活下来了。可是，时间一长，问题就暴露出来了。校门口通道两侧 20 多棵香樟，因为根部只有薄薄的一层泥土，再往下全是建筑垃圾，长了十几年的香樟还只有碗口粗，更糟糕的是，因为根须钻不下去，所以香樟树的树冠特别小，树冠顶部总是有枯死的树枝。这是根系无法下钻的显著特征。因为缺少营养，树叶也从来没有油光发亮过。学校孔子广场的三棵柚子树，十几年过去了，除了树干比以前粗大一些，高度似乎从来没有变化过。三棵柚子树因为根部泥土少，营养不足，每年稀疏的枝叶间挂果时，都会让我忧伤不已。学校大厅外的三棵沙朴，因为根须钻不下去，树干长不高，十几年下来主干上都憋出树瘤了。

每天上班，走进校园，看到这些乔木，我都会自责。特别是每年四五月份，想到它们本来应该是遮天蔽日、郁郁葱葱的大树，如今却是这般模样，我就会内疚、懊恼。我想，如果当年绿化公司种树时，我能撒泼，坐在树坑里，他们不清理建筑垃圾，就不让他们吊种这些乔木，或许，今天的校园绿化会是另外一番模样。可惜，一切都没有如果。

这种将建筑垃圾填埋在乔木根部的做法，不仅发生在新建学校里，其实在城市的市政工程中也屡见不鲜。许多新修的道路，不仅树的根部是碎石、水泥砖块，而且为了美观，树种下后，根部只留一个 1 米见方的泥土方块，其余部分全部浇灌水泥、铺设路砖。树生长一段时间后，因为根须往下钻不下去，常常会把路面顶得慢慢拱起。最可怕的是，这种根部不深的移植大树，因为建筑垃圾阻挡根须生长，一遇大风、台风，时常会突然倾倒。每次台风过境，看到那些倾倒压坏路边汽车，造成人员伤亡的行道树，我常常扼腕叹息。这到底属于天灾，还是人祸？

我时常感慨、哀叹城市里的行道树、新移植树，它们被移植时，根部被砍，只留下一个大肿瘤般的泥团，用草绳捆绑根部携带的一些少得可怜的泥土；树冠几乎被全部削除。它们被移植到道路旁、新修的街心公园、新建学校之后，既要忍受"死去活来"的痛苦，还要忍受根部周围是碎石、建筑垃圾的恶劣境况。俗话说："树挪死，人挪活。"被移植的大树，费了九牛二虎之力，好不容易活过来了，还要忍受台风的侵袭。看着生长不良的行道树，我时常感叹，当初它们生长在土地肥沃的深山老林、树木种植园，根部到处都是松软的泥土，周围都是挨挨挤挤的伙伴，那日子多惬意呀。我曾留心观察过，台风过境，深山老林的树极少会被风刮倒，而在城市，大树倾倒好像已经见怪不怪了。

从绿化工程说开后，我还想到了建设新学校、新校舍。如果大家留心注意一下，就会发现全国各地新建学校、新建校舍都有一个特点：绝大部分工程进度会因为各种原因，无法如期完工。原本理想的状态是新建工程三四月份完工，晾放三五个月，让装修装潢材料、设施设备的异味或有害气体得到彻底挥发，9月1日，新学年投入使用，家长、学生开心，地方政府、学校放心。然而，现状往往不是这样。许多新建学校、新建校舍工程，常常拖至六七月，甚至到七八月，有些学校工程，这边已经投入使用，那边塑胶跑道还没有铺设好。

学校工程，是全社会关注的焦点，为了确保孩子的身心健康，家长对工程完工时间特别重视。倘若工程完工与投入使用之间没有一定的时间量，即使空气质量经过检测达标，家长也不会同意让孩子进入新学校、新校舍。此类事件与新闻，每年都能从媒体上看到。因为工期延迟，原本9月1日可以正常使用的新学校、新校舍，被迫推迟一个学期的事例不胜枚举，给教育主管部门和学校带来不少的麻烦。

从绿化工程我还想到"根部"问题。在乔木根部填埋建筑垃圾、碎石堆，因为上面有泥土覆盖，短时间里看不出问题，但时间久了，终究会暴露无遗。种树是这个道理，其他更是如此。做人做事如果在看不见的"根部"放弃标准，没有规则、原则，有朝一日我们终究会因为对"根部"不负责任而"买单"，会因此付出更惨重的代价。

在这个处处葱茏的时节，写下这些零碎思考，是希望，如果有朝一日你也有幸参与建设新学校、新校舍，一定要吸取我的教训。不论是一根筋倔强到底，还是撒泼，都要坚持不让乔木根部被填埋建筑垃圾、碎石块，都要坚持把好"根部"问题。

老师，你为什么受不了批评

在和老师们接触、交往的过程中，我发现一个普遍的现象：当老师的，不太受得了别人的批评。在刚走上工作岗位不久的年轻教师中，这种现象不太多。但在有一定教龄的老师中，这种现象相当普遍。有些老师，一听到批评，就炸毛，就会"龙颜"大怒，特别是受到家长批评，感觉自己被冒犯了，非常难以接受，情绪会特别激动。

为什么老师不太受得了别人的批评呢？我觉得与交往群体有关。与老师交往最多的是学生和家长。学生是未成年人，是成长中的小孩。面对年龄小、认知不成熟的孩子们，老师会有一种"我是大人，你是小孩"的优越感。一般来说，孩子们是不会给老师提意见、建议的，更不敢批评老师。这一点，很像父母与孩子之间的关系。除学生外，与老师交往最多的另一个群体是家长。尽管我们经常可以看到家长诘难老师的新闻报道，尽管家长对老师中伤的例子屡见不鲜，但不可否认，绝大多数家长在和老师交流、交往过程中，还是很客气的。自己的孩子在老师门下学习，不管是发自真心，还是虚情假意，绝大多数家长对老师都是赞扬有加，不敢轻易冒犯、得罪老师，更别说批评老师。久而久之，老师会有一种偏好听美言，受不得批评的心态。与老师密切交往的第三个群体是同事、教研员、学校领导。同事之间，碍于情面，极少会相互批评。温和的教研员，偶尔来听老师的课，觉得不理想，会含蓄地进行一些善意提醒；严厉的教研员，在听课过程中，觉得不理想，批评的也只是课堂教学方面的不足。这样分析下来，我们发现，会对老师进行批评的也就只有学校领导、教研员了。试想一下，被学校领导、教研员批评的几率是不是很低？正因如此，老师要听到批评的声音确实挺难。打个通俗的比喻，一个原先会吃辣的人，久不吃辣，吃辣水平会退化，当再次面对麻辣火锅时，一定会辣得受不了。

为了避免老师一听批评就炸毛，我们要把批评与自我批评作为一种校风，作为一项传统。或者以年级组、教研组为单位，或者以党小组为单位，定期开展批评与自我批评。让"忠言逆耳利于行"成为全体教师的一种普遍共识，经常"吃吃辣"，让"吃辣水平不退化"，让老师们产生"辣不怕""不怕辣""怕不辣"的免疫能力。党的十八大以来，以习近平同志为核心的党中央坚定推进全面从严治党。要求各级组织人事部门坚持从关心爱护干部、促进干部健康成长出发，让"红红脸、出出汗"成为常态。这项从严治党的好举措，应该推广到广大教师队伍中，让老师们养成自省、自警的习惯。

建立广开言路的学校治理机制。通过"老师我想对您说"让学生给老师写信等方式，了解学生对老师的看法，吸纳学生对老师的建议、意见与批评。通过多种方式征询家长对学校、老师的建议、意见与批评，本着"有则改之无则加勉"的态度，悦纳学生、家长的批评。以班级为单位，由班主任负责召集，每学年召开一到两次学生、家长座谈会，听听学生、家长对各位老师的看法，开诚布公地接受学生、家长的善意批评。南宋心学大家陆九渊说："闻过则喜，知过不讳，改过不惮。"老师们一定要拆除拒绝批评的心理屏障，打开虚心接受建议、意见与批评的心门。因为真正的朋友是敢于对你直言的人。

勇于接受批评的更高境界是敢于承认错误。著名教育家于永正说："如果你犯了错误，比如问题处理不当，说话欠妥，甚至体罚了学生，一定要当着全班学生的面认错，向学生道歉。老师向学生认错、道歉，错误就成了一种教育资源。""人非圣贤，孰能无过"。一位勇于接受批评、敢于承认错误的老师在学生心目中的形象远比粉饰、遮掩、死不认错的老师崇高得多。

不堪回首的被人顶替

有段时间，山东苟晶两次高考成绩被人冒名顶替上了热搜，我也时刻关注着这件事情的发展动态。每看一次，我的心里都会升腾起一股怒火，我的眼里都会满含热泪。可怜的农村娃儿，人生被偷换，命运被改写。苟晶的不幸遭遇，勾起了我对陈年往事的回忆，尘封在我心底几十年前的遭遇，让我至今想来都感到后怕：我小学升初中的资格，当年就被人顶替过。

我出生在一个小山村，父母都是老实巴交的农民。记忆中，父母写自己名字时，不是写出来的，而是画出来的。我在村礼堂里读完小学三年级，四年级到离家五里开外的山脚下的一所小学读书，五年级到离家十余里外的乡中心小学读书。那时候，没有现在适龄儿童都要完成九年义务教育的要求。我印象中，小学升初中，要淘汰掉一批，考不及格的就没有资格上初中继续读书了。我从小到大一向比较刻苦，学习成绩一直都还不错。上五年级时，一个班四五十人，我基本上能考十名左右。让我百思不得其解的是，小学升初中毕业考，我竟然落榜了。

没考上初中，挑着破被褥，我回到了那个只有二三十户人家的小山村。斗大的字不识半箩的父母，自然不会去问我考试、升学的事情。营养不良、个子矮小的我，当起了村里的放牛娃。有一天，村里来了个篾匠——我们村里管做木工的叫木匠，管加工竹子产品的叫篾匠。篾匠师傅见我只有一米三几的个头，根本干不了农活，就和我父亲商量，让我跟他当学徒，做个匠人。篾匠师傅说："做篾匠挺好的，干活时在房子里，不用晒太阳。"

炎热的夏天，放了一两个月牛的我，一听说可以不用晒太阳，满口答应。当了学徒之后，我才发现做学徒的苦。做篾匠，需要翻山越岭挨个村奔走，干篾匠的工具都是要徒弟挑的。我个子小，担子重，在弯曲陡峭的山路上，不知摔过多少回，每次摔倒，师傅不是打就是骂。这种苦哪里是一个十二三岁的小孩能承受的？当学徒不到三个月，我就哭哭啼啼地跑回家表示不想学了。

日子转眼间到了冬天。那年冬天，远在几千里之外，在北方垦荒的伯父回老家探亲。伯父见我小学毕业就没书读了，怪可怜的，就和我父亲商量，带我到他那边去念书。跟着伯父，坐了几天几夜的火车，我到了内蒙古，寄居在伯父家，重新开始了读书生活。吃过放牛的苦，尝过当学徒的辛酸，我特别珍惜来之不易的读书机会，学习比以前更刻苦了。在伯父家读了两年多的书，因为户口不在内蒙古，不能参加中考。无奈，我又得重新回到老家所在的乡初中念书。

好在时局不断变化，社会不断进步，我转学回老家初中念书，似乎没有受到什么阻拦，也没有遇到什么障碍。在乡初中念书的一年多时间里，我成了整个学校的"名人"，每天做功课不到深夜 12 点不睡，凌晨 4 点多，食堂阿姨起来烧饭，我就蹲在灶膛里，借着柴火燃烧发出的光背书。天天如此，雷打不动。老师们、学校工友们都把我作为激励全校学生的榜样。

功夫不负有心人，1987 年，我提前考取了中等师范学校，实现了农村人最大的愿望——跳农门，也成了方圆十几里、全乡镇唯一一名考取师范学院的学生。我小学升初中资格被别人顶替，是我师范毕业，工作后的第五年才知道的。因为做了老师，和当年教过我的小学、初中老师成了同事，在一次聚会上，我当年的小学老师告诉我，小学升初中时，我的成绩挺好，但和我同一个村的另外一名同学成绩差，没有被初中录取。这位同学的哥哥在机关里担任公职，知道我和他弟弟的成绩后，要求学校把原本属于我的名额让给他弟弟。就这样我在小升初中落榜了。

说真心话，当时听到这个消息，我没有太过惊讶。虽然命运多舛，但我毕竟兜兜转转之后念了师范，做了老师，成了一个全村人羡慕的居民户。无非是因此被耽误了两年时光而已。但看了苟晶被改写的人生，我倒有了一些后怕。我想，如果当年伯父没有回老家探亲，没有把我带到内蒙古继续上学，我一生的最高学历将定格在小学毕业，我一生的最高文化程度将是小学，也许我一辈子都走不出那个小山村，现在一定是一个年过半百的干瘪、瘦小的老农民。一个可怜的农村娃的人生和命运，分分秒秒之间就被轻而易举地转了轨。而且更让我后背发凉的是，如果我没有成为小学老师的同事，被偷换的人生，被改写的命运，我会一辈子都无法知晓，我可能到死都以为自己是个不会读书的人。

想想真是可怕，越想越感到害怕。

附　录

....

做一棵幸福的大树

　　熟悉他的人，无不对他称颂有加。他谦和坦诚、与人为善，他公而忘私、豁达恬淡，他敏而好学、智慧从容，他孜孜不倦、永不停歇，他将幸福教育作为自己终生的追求，30多年的教育生涯，他胸怀教育、情藏沃土，将自己长成一棵根深叶茂、绿荫学子的大树！从他身上，我们看到了人民教师的风貌，看到了教育家办学的睿智和情怀，看到了为人师者的崇高。

　　他致力于幸福校园建设，努力使校园成为教师幸福工作、学生幸福成长的乐园。为学生呕心沥血，为他人甘做嫁衣，为学校殚精竭虑，为教育痴心一片是他的真实写照。在他的引领下，宁波高新区实验学校办学13年，获得了600多项区级以上集体荣誉，教师队伍形成了"不用扬鞭自奋蹄"的团队风貌。他源浚流长、根深叶茂，他绿荫学子、润泽少年，他领雁高飞、筑巢育凤，他胸怀教育、情藏沃土，他是一棵幸福的大树！

源浚流长，根深叶茂
——做一棵扎根教学、科研不辍的大树

　　2020年的教师节，罗树庚校长拿到了30年教龄的"红本本"。从教这么多年，工作的学校在变，岗位在变，然而罗树庚校长扎根语文教学、致力于教育教学研究、努力做一位好教师的初心始终未变。

作为一名热爱语文教育的老师，罗树庚校长始终痴心课堂，研究语文教育。他从执教能力、学术研究能力等几个层面严格要求自己，在作文教学上进行了持续、长久的实践。他开发了以"活动"为依托，以"兴趣"为核心，以提高学生习作能力为目的的情趣作文课程，开发了科技、游戏、实践、生活四大类100多个素材和课例。研究成果《小学情趣作文教学研究》荣获宁波市人民政府基础教育成果奖，出版的著作《玩出名堂　写出精彩：小学情趣作文教学》被《中国教育报》列入2014年全国中小学教师暑期阅读书目。

随着统编教材的使用，罗树庚校长又积极投身于新教材的研究。2018年9月，在罗树庚校长的引领下，学校成为"小学语文统编教材与人教版教材对比衔接研究"项目成员学校，并承担了统编教材和人教版教材写话、习作板块对比研究的任务。清晨五六点钟，傍晚七八点钟，每一个节假日，我们都可以看到罗树庚校长静心研究的身影，看到他办公桌上铺满的教材和教学参考用书。他用笔绘制好表格，并整理出人教版和统编教材一至六年级的单元序列。他说，只有自己翻开教材，一一梳理，整理记录，才能把整套教材体系烂熟于心，才能真正比对出两套教材的不同点，并进行更有针对性的教学。2018年12月，浙江省小学语文特级教师论坛暨特级教师校长联谊会在高新区实验学校举行，团队教师以说课、执教的方式展现统编教材习作单元的比对成果，得到了省教研室及与会专家的高度肯定。罗树庚校长撰写的论文《精准比对　有效衔接——统编教材与人教版教材写话、习作板块对比衔接的思考》等多篇文章在《语文教学通讯》《小学语文》上发表，研究成果收录在《国家统编教材小学语文教科书教学指导——与其他版本教科书对比研究》一书中。

为了不断提升自己的专业素养，罗树庚校长总是勤勉地耕耘在教育这方沃土上。2017年，《中国教育报·课程周刊》开设"罗树庚教育教学观察"

专栏，定期刊发罗树庚校长撰写的教育随笔；《语文教学通讯》将罗树庚校长作为封面人物，刊发了他的专题文章；《中国教育报》在"名师反思"栏目上，用了一个版面，介绍了他从教 20 多年的语文教学之路。2019 年，罗树庚校长被确定为宁波市第一层次领军和拔尖人才，并通过浙江省中小学正高级教师评审。

绿荫学子，润泽少年
——做一棵爱生如子、润物无声的大树

这位在教育战线上默默耕耘了 30 多年的教师，不论兼任什么岗位，都始终站在教育一线，年年坚持带班上课。教书育人是他幸福的源泉，再忙再累，他也要和孩子们在一起。

他从不上无准备的课，教科书、教具总是把他的资料袋塞着满满的。他总是提前几分钟到达教室，打开多媒体设备，摆放好各类资料，并耐心地解答围在他身边的孩子们的各种"疑难杂症"。为了让班级的孩子爱上作文，他创办了班级小报，一办就是好几年。为了鼓励学生，他自掏腰包购买了 20 多辆兰博基尼车模作为奖励。他开设的唐诗选修课，让学生如痴如醉。他发现学生对古诗词中蕴含的风土人情、名人轶事、民间传说特别感兴趣，于是就想到了让孩子们跟着古诗词游黄河、游长江、游边塞、游名山、游名城、游亭台楼阁，在学习古诗词的过程中游遍祖国的名山大川，在愉悦、快乐中积淀历史、地理、文学等方面的知识，感受优秀中华文化的魅力。

在他的引领下，教师们纷纷参与到"跟着古诗词游中国"课程建设中。而"跟着古诗词游中国"课程读本也将于 2023 年出版。

作为一名校长，他心里装着全校每一个孩子。但凡有什么紧急情况、突发事件，罗树庚校长总是站在第一线。2010 年的暴雪没有阻止他的步伐，他比平常更早地来到学校，扫雪除冰。2013 年国庆节"菲特"台风更没有让他退却，国庆假期加上停课整整 13 天，他天天在学校守护、值班。2020 年 1

月，我国突发新冠肺炎疫情，从 1 月 21 日至 4 月 20 日，罗树庚校长天天坚持在学校值班，坚守工作岗位，总计值班、加班天数长达 90 天。受疫情影响，学校一年一度的读书节活动无法正常开展，罗校长除了指导教导处做好"线上读书节"活动之外，还亲自录制读书节开幕式讲话，为了推进整本书阅读，推动书香校园建设，罗校长录制了多个整本书导读微课，鼓励学生以阅读的方式抗击疫情。在他的带动下，全校师生成功挑战"千人读万本，居家以'读'攻'毒'"。

领雁高飞，筑巢育凤
——做一棵甘做人梯、永远生长的大树

罗树庚校长的微信名叫"大树"，人如其名，他就像一棵大树，带着团队不断生长，不断突破自我，达到新的高度。

培训结束后谁做总结发言——抽签决定，这一举措极大地提高了全体教师参与活动的专注度，提高了教师即兴发言、口头表达的能力，提高了教师思维的敏捷度。每周一次的"高实大讲坛"为教师搭建更多的展示交流的平台，老师们在分享各自的成功经验与幸福感受的同时，增进了智慧碰撞、思想交流。"高实电影工程"则是用优秀影片改变教师的教书育人观念，提升教师的专业情态，激发了职业愿景。罗校长独创的"校本培训三招鲜"，被《中国教育报》作为校本培训经验重点介绍。

罗树庚校长带领教师们练粉笔字，一练就是 13 年；自掏腰包给全体教师订阅杂志、送书，已经成了他的习惯……在罗树庚校长的努力下，学校从制度上保障了新教师成长，双导师制、团队项目制等措施，促进了教师在行动研究中成长。为了更好地培养新入职的年轻教师，罗树庚校长以课题"小学新入职教师成长加速度策略及实践研究"引领团队，探索助推新教师快速成长的策略，创造性地开发了三年教师递进式培养模式，让新入职的教师通过三个月的跟岗学习和三年的递进式培养，成为一名老练的"新老师"。

"鸟随鸾凤飞腾远，人伴贤良品自高。"在罗树庚校长的引领下，这几年，学校各个学科均有教师跻身宁波市优质课比赛，并且均有不俗的成绩。陆青春老师获评宁波市名教师，毛小英老师获评宁波市首批名班主任，陈佳美老师获评宁波市骨干教师，陈楠老师获评宁波市骨干班主任，孙艺平、蓝海燕老师获评浙江省智慧班主任。数学老师陈书玉，因为喜欢创客教育、喜欢头脑奥林匹克，在罗校长的鼓励下，通过几年的时间，竟然把一项只有个别孩子参加的比赛，拓展成一门200多名学生喜爱的科创课程。OM参赛队，连续十届获宁波市一等奖，三个全国一等奖，还多次应邀参加在美国举行的世界比赛。2022年，更是获得了世界第一的好成绩。

短短几年时间，学校就有十几位老师通过高级职称评审。2019年，即将退休的谭东宇、邬美清老师获评高级职称；2020年，又有三位老师通过高级教师职称评审。在宁波高新区实验学校，所有老师的专业成长都有了无限可能，各个年龄层的老师都在发展，都得到了长足进步。2018年6月，罗树庚校长根据实践所得，撰写的著作《教师如何快速成长：专业发展必备的六大素养》由华东师范大学出版社出版，并入选中国教育新闻网2018年度"影响教师的100本书"。2021年，罗树庚校长的另一部管理专著《一位率真校长的教育哲思》也得以出版。

罗树庚校长总是不遗余力地做好传帮带工作，把自己的科研成果与同事、兄弟学校分享，他先后多次到贵州、云南、内蒙古等地上观摩课、作专题报告数十余场。2017学年，江山市城南小学、江山市贺村第三小学和我们学校结成姐妹校。2018年3月和4月，英国诺丁汉麦伦小学和新西兰蒂蒂兰基小学师生访学团走进我们学校，蹲点学习。"国培班"校长们到我们学校蹲点学习。2018学年，罗树庚校长参与了宁波市与丽水市山海协作教育对口支援工作，与丽水市的两位校长结成对子，还与丽水经济开发区第一小学结成姐妹校。2019年3月，罗树庚校长被鄞州区教育局聘为"三名培养工程"区外导师；4月又带领教师赴丽水开展送教活动。2020年暑假，罗树庚校长受市教育局委派前往贵州黔西南州送教讲学。2022年，罗树庚校长又带领我们开启与黔西南州兴仁市河丰小学教育帮扶。

胸怀教育，情藏沃土
——做一棵缔造幸福、心向阳光的大树

阿德勒说："幸运的人一生都被童年治愈，不幸的人一生都在治愈童年。"童年是生命的故乡。为了守护童年，呵护童心，罗树庚校长提出了"建幸福校园，育阳光少年"的办学理念。他告诉老师们：我们要尽可能利用自己所拥有的那点空间，最大限度地在那点儿虽然不大的空间里让学生感受到学习的快乐，感受到成长的快乐，感受到做一个人的快乐。他是这样说的，也是这样引领着老师们做的。

他将幸福教育融进学校的建筑里，每一块石头要雕刻什么字，每一面墙壁要布置哪些文化，甚至连洗手间里要配一些什么话语、图片，他都仔细推敲，反复斟酌。孔子文化广场、蛹艺书画长廊、科技馆、生态馆、VR体验馆……实验学校校园文化历经十余年，不断完善，熠熠生辉。2019年，宁波高新区实验学校教育集团成立，幸福教育之花在新建的翔云校区绽放。

罗树庚校长带领大家从改变课程设置入手，转变教与学的方式，让课程成为幸福的保障。他带领教师构建了融悦读、悦赏、悦听于一体的阅读成长课程，开发出一套适合一至六年级的"走遍天下书为友——阅读成长手册"共六册，成为学校推进学校书香校园建设的重要载体。他带领数学团队"玩转数学"，将好玩的游戏活动有机地融合到现行的教材中，让学生借助真实任务，调动身体感官参与活动，运用数学工具解决实际问题。经过几年的学科拓展实践，"学玩一体、智趣共生"的"解锁数学思维"一套六册的校本教材正式出版，浙江省规划重点课题"跨区域校际间小学数学游戏拓展课程的构建与实施"先后荣获宁波市、浙江省教科研成果一等奖。他指导英语组从学生的兴趣出发，提出了"英语教学情趣化"的课堂实践研究，精选了60本绘本，将这些绘本融入英语基础课程中，形成了"围绕专题—拓展绘本—

阅读绘本—表演绘本（或者创作绘本）"的教学特色。

罗校长还带领团队，建构了全员、全程、全方位育人的"成长银行"课程，让学生从"被教育"转向"主动成长"，让优秀的行为成为由内而外的习惯。"成长银行"激发了学生内在的渴望，助推学生在道德品质、文化学习、身体素质、艺术修养、个性特长等方面全面成长。钱悠悠同学获得浙江省第四届"兰亭奖"中小学生书法大赛一等奖。学校多名同学被授予浙江省"美德少年"、宁波市"新时代好少年"、宁波市优秀学生、宁波市优秀少先队员等称号。连续五年，学生书香征文获省市级一二等奖。学生参加《国家学生体质健康标准》测试，合格率、优秀率连续五年不断攀升。区内音乐、体育、美术抽测，名列前茅。

罗树庚校长说，人生最幸福的状态是，有岁月可回首，有前程可奔赴。虽然从教 30 多年，好像没有一年轻松过，没有一天悠闲过，但那种有美好岁月可以回首的满足感，时时充盈着内心。有些事情不是看到希望才去坚持，而是坚持了才看得到希望。展望未来，前面有清晰的目标，那种期待感，让我们看到希望……这就是罗树庚校长，一棵永不停歇、幸福成长的大树！

/　**陈佳美，宁波高新区实验学校副校长，宁波市学科骨干**　/

校长领着我们做课题

2018 年 6 月 5 日，宁波市基础教育研究网公布了"宁波市 2018 年义务教育拓展性课程评选结果的通知"，由我校数学组全体教师一起开发的"小学数学游戏"拓展课程被评为宁波市义务教育拓展性精品课程。那一刻，我激动得热泪盈眶。在罗树庚校长的引领下，我见证了数学与游戏的美丽邂逅，我和孩子们在游戏中学数学，借游戏促思维，我和数学组的全体老师品尝到了伸手摘星星的幸福。感谢校长"手把手"教我们做课题。

"一袋玩具"指引研究方向

几年前，罗树庚校长送给我一套益智解环玩具。他说："这些益智玩具非常好，数学组的老师们可以试着玩一玩。"数学教研活动时，我把这袋玩具分给老师们玩，大家玩得爱不释手。有一次，我把玩具带到班级，没想到孩子们被深深地吸引了，他们绞尽脑汁使劲摆弄各种智力环，当有学生解出一个环时，就会兴奋地大喊："我解出了，我解出了！"快乐洋溢在孩子们脸上。那一刻，我被深深地打动了。我茅塞顿开，这不就是我一直苦苦寻找的课改方向吗？深化课改与学生核心素养培养要求我们数学教师要重视儿童认知特点，重视教学资源的开发与利用，由"重基础"转向"育兴趣"，由"讲和授"转向"玩中学"，由"学科教学"转向"活动体验"，以此实现教学方式的变革，着眼于完整人的发展。我们是否可以开展益智类玩具游戏教学，把枯燥的数学变得有趣、生动，提高学生学习数学的兴趣，培养学生的创造精神与实践能力，提升学生数学核心素养呢？我想，这就是罗校长送给我这套玩具的良苦用心吧。

我马上如饥似渴地查阅相关资料。我看到华裔数学泰斗陈省身在 2002 年中国举行的国际数学家大会上为中国少年数学论坛题词——"数学好玩"，很多国内外数学家也提出数学教育与人文教育结合起来能大大提高学生学习数学的兴趣和能力。于是，我们决定进行基础课程拓展的实践与探索，通过"游戏"课程的开发实施，引导学生走近中国古典益智游戏，探究数学思维游戏，感受中国数学文化，让孩子们在玩中提高数学能力，发展数学思维。从此，我们就与这些益智类玩具结下了不解之缘，我们的课题研究方向也从迷茫走向明确。

2016 年 9 月，我们学校"玩转数学"课题被确定为宁波市规划课题。更令人欣喜的是，在罗校长的介绍下，该课题得到了很多专家与领导的认同，大家一致认为开展"玩转数学"课题研究非常有意义。于是，我们联合余姚第二实验小学、鄞州第二实验小学等七家单位，携手共同进行"开展益智类教学游戏构建好玩的数学课程合作研究"课题研究，该课题被确定为浙江省重点规划课题。

"一个故事"传授研究方法

在开展数学课题研究活动时，罗校长经常来给我们做指导。他通过举例深入浅出地告诉我们：国家课程就像是一大盘主菜，数学游戏拓展课程就像是配料，我们为什么要开发并实施游戏拓展课程呢？我希望通过你们这些"大厨"，调配出美味的配料，让数学这盘主菜更加有味道，孩子们更喜欢吃。

有一次，罗校长指导张凌霄老师参加市教坛新秀比赛。赛后罗校长说："我们的课一定要上得生动有趣。"他举了一个两位老师上《蜗牛爬井》的例子。他说例题是这样的：一口井10米深，蜗牛白天向上爬3米，夜晚向下滑2米。请问蜗牛几天才能爬出深井？甲老师上课时直接拿出例题，让学生讨论解题方法，然后一步一步教学生如何解决这类问题。乙老师上课时，没有忙着出示例题，而是给学生编了一个故事：有一只蜗牛不小心掉进一口井里，哭着想爬出来。长期生活在井里的癞蛤蟆让蜗牛不要痴心妄想，老老实实和它一起呆在井里算了。乙老师通过创编了一个故事，将数学例题藏在故事里，请孩子们帮帮蜗牛。课堂上，孩子们解题的积极性远远高于甲老师执教的班级。同样一个内容，为什么学生在乙老师的课堂里情趣盎然？因为乙老师呈现问题的方式有趣，学习过程好玩。正如罗校长在他的论著《教师如何快速成长：专业发展必备的六大素养》中所说："教育是艺术，艺术的生命在于创造。为教育教学裹上一层甜甜的糖衣，正是对教育是艺术的一种注解。"

罗校长通过形象的类比、生动的故事，深入浅出地让老师们领悟了教学需要"糖衣炮弹"的道理。

"一张思维导图"引领研究路径

我们数学组边研究边探索。如何让课题研究更深入、更有成效？如何充分发挥课题联盟校的积极性、主动性？这些问题常常让我陷入困惑之中。2017年10月，课题组计划召开一次课题中期推进会，要在会议中布置讨论工作，要明确后一阶段的研究路径。细心的罗校长看到我愁眉不展，知道我有困惑。周五下班前，罗校长向我借了宋乃庆主编的一套"数学文化读本"和余姚第二实验小学柴利波校长主编的一套"玩转数学"丛书。

周一一大早，罗校长拿给我一张思维导图，上面的标题非常醒目：在前人研究的基础上进一步。在思维导图上，他从"研究价值、研究目的、研究方面、如何研究、预期成果"等几个纬度梳理了课题研究的路径及内涵。我手里捧着这张思维导图，心头热乎乎的。我仿佛看到了罗校长双休日一直埋头认真翻阅这十多本数学读本的情景，又仿佛看到罗校长深夜一遍又一遍专心致志画这张思维导图的景象。这张图让我们数学组老师对课题研究框架及路径有了更清晰的认识，也让我在组织课题中期推进会上有了方向与底气。之后，罗校长又指导我设计安排课题推进行事历，指导我如何合理安排课题联谊学校教学研讨活动、论文比赛活动、学生竞赛活动、拓展课程教材编写、课题资料收集等工作。

在罗校长的引领下，我们的数学课题顺利推进，硕果累累。2017 年 12 月，我们学校被确定为宁波市"甬派教育科研教育培育中心"，该研究项目获得宁波市教科所专项研究经费支持。2018 年 4 月，一套一至六年级的"小学数学游戏"拓展教材终于编写完成。2018 年 6 月，我校数学游戏拓展课程被评为宁波市义务教育拓展性精品课程。在课题研究中，我看到了孩子们在玩中体验、玩中发现、玩中感悟、玩中提升，孩子们不仅"玩"出了规律，更"玩"活了数学思维；我看到老师们课程开发能力和数学专业能力有了很大的提升；我还看到课题成员学校强强联手，共享交往，共同提高……

感谢手把手教我们做课题的引路人罗树庚校长。

/ **舒孝翠，宁波高新区实验学校副校长，高新区名教师** /

校园里的那盏“灯”

　　2009 年，罗树庚负责宁波高新区实验学校的筹建与品牌打造。他一边管理着学校，一边关注着新校舍的建设。一年 365 天，他几乎是在老校区的课堂与新校区的工地之间度过的。那里的每一块墙砖、每一根钢筋都留有他目光停留的痕迹；那里的每一片树叶、每一颗小草都泛着他的身影；那里的每一张桌子、每一把椅子、每一块黑板、每一台电脑、每一个会发光的文字之间都留下过他亲自挑选的认真与细致……因为他要给孩子们最好的一切，从明亮的教室、舒适的桌椅、美味的午餐，到丰富的活动、充盈的智慧！

　　2010 年秋，当彩带飘扬的新校舍在礼炮齐鸣声中迎来各方嘉宾齐聚一堂欢庆落成的时候，大家才意外地发现，这两年间，他竟然一下子变得那么黑，那么瘦，白发悄悄爬上了鬓角。但他的双眼却是那么闪亮，他的笑容是那样灿烂，就像奥运火炬点燃的焰火，灼灼其华，鼓舞人心。

　　没有人会想到，不到三年，这所新建学校就悄然成为甬城东方升起的一颗“明星”，让无数同仁争先前来学习、取经。

　　奥秘何在？高新区教育文体局本着“区域发展，教育为先”的理念，确立“建一流窗口品牌学校”的目标，力求为“区域的老百姓与科研人才”培养优秀的接班人。而他，恰好是能将区域建设目标与个人教育理想融为一体的排头兵、领头雁！他既是学校的校长，也是党和人民信赖的书记；他既是课堂上挥汗耕耘的智慧撒播者，也是讲坛上激扬文字的开拓者与引领者。他要求老师做到的，自己必定先做得更好；他要求家长配合的，自己必定做足功课；他期待学生成长的，自己必定为他们铺好道路，搭建好舞台。前三年，他谦逊好学，将"请进来派出去"做到了极致：请进来的都是最具学术权威的专家团，如浙江省特级教师峰会、小学语文教师辩课专家组、小学数学名家讲坛等，让老师们从教学理念到课堂实践都有明晰的方向；而派出去的是华师大教授等专家引领的专业课题研究，北京、上海、杭州、青岛、广州、深圳等大江南北名校的考察学习，跟岗培训。教师的成长，如雨后的春笋，在春雨润物中悄然拔节。

面对来自五湖四海随迁子女为主的学生，他始终坚信"阅读与创新的力量"。"腹有诗书气自华"的学生气如何培养？一年请三五位孩子最喜欢的儿童作家进校园，鞠萍姐姐、长辫子姐姐、董宏猷叔叔、管家琪阿姨、常新港叔叔等十几位儿童文学作家陆续走进了这所新兴校园，孩子们提前购书，读书，带着兴奋与激动，面对面与作家聊书，听作家演讲，让作家签名。作家们的到来，一次次掀起了校园阅读的狂潮，校园读书节应运而生，书香家庭评选更是将阅读从校内延伸至校外，从学校拓展到社会的大舞台。"问渠那得清如许，为有源头活水来"，那是阅读的力量；"纸上得来终觉浅，绝知此事要躬行"，那更是实践的创新。"OM 实践课程"将科技创新与动手实践研究带进了校园，带进了课堂，孩子们在阅读中汲取力量，在实践研究中思维碰撞，学校搭建的一个个科技创新平台又将他们的智慧火花点燃，他们走出校园，参加各级各类比赛，获得了市级、省级、国家级冠军，在世界舞台上也取得了优异的成绩！科技节、体育节、读书节、艺术节，每一个校园的特色活动都为孩子们打开了一扇扇多姿多彩的大门，那一群曾带着乡土气息的孩子，不再胆怯，不再迷茫，如脱缰的小马驹在丰沃的教育热土上纵情奔驰，向着理想的彼岸毫不畏惧。全国青少年科创基地、浙江省文明单位、浙江省巾帼文明岗……一项项荣誉接踵而来，一声声赞誉纷至沓来，这所创办不到十年的学校，不仅成了高新区教育的窗口与品牌，更成了宁波市乃至浙江省响当当的学校。

2014年，他当之无愧地获评"省特级教师"称号。站在专业领域的巅峰，他不像常人那样膨胀激扬，却犹如稻田中成熟的稻穗儿，面向土地把头垂得更低。于是"走内涵式发展"成为这所学校"闭关修炼"的风向标。热闹纷繁的参观接待平息了，躁动的校园气息冷却平静了。他坚持走进教室听老师们的"家常课"，悉心指导；老师们走出教室陪孩子们一起游戏锻炼，关系融洽；家长义工热诚服务，让家校桥梁来往更加密切。四点钟管理要规范，选修课课程要有特色；学生特色社团要有展示的舞台，教师专业成长要有展现的平台，家长反馈的热点要有落实的质量……新的三年，学校走在了"更高、更实、更强"的稳步发展道路上。当高新区实验学校的第一届毕业生走出校门被各大名校争相录取的喜人景象引发热议的时候，他第一次露出了无比欣慰的笑容，犹如农田边喜迎丰收的农民。是啊，一分耕耘，一分收获。昔日纷纷跳出区域，择校到区外的孩子们都如候鸟一般闻风归来，再也不走了。区外的慕名前来购房落户，只求能入读这所新兴名校。面对社会的赞誉，老百姓的信赖，他自觉肩上的担子更重了——"我得对得起老百姓的信赖呀！得让他们花重金购买的学区房有所值呀！"但如何进一步全面提升我们的办学质量呢？他又一次陷入了深深的沉思之中。

瞧，夜已深，校园的办公室里依然灯火通明。哦，有一位老师明天要参加市里的赛课活动，他正组织老师们集体备课呢！一边在纸上快速地书写，一边入情入境演绎的那个就是他呀！看，围在他身边的一群年轻老师听得多认真呀，时不时地点头，偶尔也表达自己的意见，然后又开始新一轮的讨论，有时会发生激烈的争吵，但最后总是会传出阵阵拨开乌云见彩霞的欢笑！啊，什么？数学、英语老师赛课他也都在场呀？不会吧，他可是个语文老师呀，他能给大家什么帮助呢？什么？做好后勤服务工作，给大家加油鼓劲儿？他可是校长呀！每一位老师的赛课研磨他都不落下，他忙得过来吗？可是，他总是乐呵呵地憨笑着说：我能帮忙的绝不推脱，我不能帮忙的，除了陪伴，还要想办法找我的朋友来帮忙，因为我们是个大家庭，只有家庭里的每一位老师都进步了，都优秀了，我们的团队才会更优秀！邓小平曾说过："允许一部分人先富起来，然后带动全国人民都富起来。"我们的教师团队也要积极响应国家的号召，允许一部分教师先进步起来，优秀起来，成为领头羊，然后带动全校的教师都进步，都更优秀，只有这样，我们的大家庭才会有永恒发展的不竭动力，我们的学生才能享受更加优质平衡的教育。他是这样说的，更是这样身体力行的。他几乎以校为家，一年365天没几天不在学校，早六点到校晚六点离校更是常态。台风来了，他在抗台第一线；风雪来临，他第一个拿起铁锹为学生开辟上学的通道；老师有喜有忧，他第一个知情探望；孩子们获奖，他总不忘大张旗鼓地表扬，私下里还记得当面给孩子们祝福、鼓励；要是老师们有进步获奖，他更是高兴得第一时间发朋友圈，发团队公告，由衷祝福与表扬……他的热诚，他的示范，他的坚持，如持续燃烧的锅炉之火，静止的一锅水逐渐沸腾起来，跳跃起来！不到十年的时间，这样一所由两所村小合并而成的新学校，在至今还不到100人的教师队伍中，已经培养出了一位省特级教师，两位市名师，两位市骨干教师，五六位市教坛新秀，十几位高级教师，几十位区市级优秀教师、优秀教育工作者，师生的各级各类文章获奖与发表更是不计其数……

人们问他，您带领了一支如此优秀的团队，早该被评为全国劳模、全国优秀教师了呀！可他总是摆摆手说："荣誉应该给那些年轻的老师们，去点燃他们的工作热诚，我的心中早已将自己的一生献给我理想中的教育事业了，无论是否有荣誉加冕，我都会一如既往，坚持不懈地去追寻我未完的事业，生命不止，梦想不灭！"

/ **毛小英，宁波高新区实验学校教师，宁波首届名班主任** /

幸福的遇见　成长的航灯

——我眼中的师父罗树庚

> 他，是一位教艺精湛的特级教师，省师德标兵、宁波市名师名校长。"一生只为教育而来"放在他身上，再贴切不过了。沉潜课堂、醉心语文、痴心教育的他，用自己的汗水和心血收获着从教的快乐与幸福。大家早已成为他的"忠粉"。可是，作为罗树庚老师的徒弟，我眼里的他则是一位谦虚平和的长者，一个用心温暖别人的人。他用睿智、热情和执着的情怀点燃了我对教育工作的激情与梦想。他更是我"幸福的遇见，成长的航灯"。
>
> ——题记

"遇见幸运"埋下幸福的种子

初识罗老师，是因为一次讲座。早在 2016 年春天，我有幸聆听了罗老师关于习作教学的讲座——"玩出名堂　写出精彩"。台上的罗老师儒雅随和，他激情满满地讲述着为什么要开发情趣作文，怎样实施情趣作文。一个个鲜活的案例，独到精湛的见解让我们听得如痴如醉。那一天，我才知道他就是著名的语文特级教师罗树庚。

第二次见罗老师，是我代表宁波市参加浙江省班主任基本功大赛。他是宁波代表队的指导老师。我至今还清楚地记得，比赛前一天，罗老师把我们参赛的几位选手叫在一起，给我们进行模拟训练，分享一个个案例。知道我第一次参加省级比赛有些紧张，他立马给我加油鼓劲："你可以的，刚刚模拟很出彩，别紧张！"他的细致用心，让我信心倍增。我突然有了一个小小的奢望，如果能成为他的徒弟，那该有多好。没想到，幸运居然真的来敲门了。

2018年9月，适逢宁波市第十一届特级教师带徒活动，我毫不犹豫地报了名，并幸运地"中举"，激动、兴奋，我终于如愿以偿。

"约法三章"开启幸福的旅程

正式成为罗老师的徒弟之后，他就跟我们"约法三章"：第一，潜心阅读；第二，确定目标；第三，钻研教学。他通过各种途径强化我们的学习意识，第一次带徒活动中，就赠予了我们《教师如何快速成长：专业发展必备的六大素养》《语文品质谈》等教学著作，曾经懒散的我在他的督促下，开始了阅读，并从中汲取了很多有益的精神食粮。边读书，边做笔记、写反思，慢慢地，我感觉自己的教育教学理论水平有了提高。师父常说，青年教师，不但要有自己的教育梦，更应该给自己制订成长规划，并以此稳步践行。第一次见面，他就拿出一张表格，让我明确努力的目标，着实"吓"了我一跳。但就是在这样的"逼迫"下，我不敢懈怠，开始钻研教学。在师父一次次指导、帮助下，我各方面都有了长进，也开始有了收获的喜悦——从"教坛新秀"成长为"区骨干教师"。一路走来，正是师父那份在教学中永不停歇的追求，润物细无声地影响了我。

"感受真诚"点燃成长的航灯

和师父相处的一年多日子里，我深切感受到了他的人格魅力。为人和善，待人真诚，对待每一个徒弟，总能及时肯定优点。每次磨课后，信任的笑脸总会在第一时间映入眼帘；熟悉的话语总会在第一时间从耳畔传来："很棒的。你已尽力了，进步很大，辛苦了！"一道微笑的目光，一句简单的话语，却让我得到了最大的宽慰和满满的动力。

记得 2021 年 11 月，我有幸参加了浙江省"习作教学创新研讨活动"。这对于第一次走上大咖云集舞台的我而言，压力特别大。师父鼓励我要勇于尝试，敢于挑战。选定习作主题后，我先独立思考，有了初步的构思，再和师父一起讨论，形成教案的初稿。师父认真听我的每一次试教，并做详尽的记录。听完课后，他趁热打铁，进行耐心细致的点评。针对如何为学生搭建习作的支架，降低习作难度等问题，师父帮我一次次推敲、设计。对于学生可能出现的问题，他让我做了充分的预设。在师父的指导下，我努力做到"学为中心，顺学而导"，并在最后的展示中，获得了全国著名特级教师张化万的好评。课一结束，师父就给我发来了一张照片。原来，当我倾心课堂时，师父正站在我对面，举着相机，帮我记录下珍贵而难忘的瞬间。这一刻，我的心底暖流涌动，我相信，这是师父对我最大的肯定。

身为校长的他每日都非常忙碌，可是，当我在工作中遇到困惑向他求教时，他总会及时给予我悉心地指点、巧妙地点拨，一次次不厌其烦地答疑解惑让我茅塞顿开。就是这般，他用真诚影响着我，为我教师生涯的成长点燃起航灯。

"同上高楼，望不尽天涯路"，一年多的学习，师父引领我朝着教育梦想不断突破，在反思中成长。真的想说，有师父的陪伴，何其幸福！

/ **方晓燕，华师大宁波艺术实验学校教育集团教师，宁波市第十一届特级教师跨区带徒优秀学员** /

后 记

·················

今天，我打开电脑，打算写这本书后记时，恰好北京冬残奥会正在举行开幕式。最后一棒火炬手李端，是位视觉障碍运动员，他在点燃主火炬时，由于看不见，点火遇到了麻烦。在万众瞩目下，他摸索着，尝试了许久都没能成功，静寂的鸟巢体育馆，突然响起一声"加油！"的呐喊。在雷鸣般的掌声和加油声中，李端终于镇定地将火炬插入主火炬台，一瞬间，主火炬台被他点亮了。这时，掌声更响了，人们鼓掌的频率更快了。刹那间，我的眼泪夺眶而出，一下子泪流满面。他看不见光，却为我们点亮了夜空，点亮了心中的那束光。

在教育丛林里摸索前行，我不就是盲人李端吗？我试探着向前，摸索着前行，苦苦寻找着打开教育之门的锁孔。就在我因为找不着锁孔而慌乱的时候，身边总会响起鼓励的加油声，耳畔总会传来激励的掌声，这些温暖的声音好像是导引的向导，让我触摸到了锁孔，为我打开教育之门起到至关重要的作用。作为回报，我想我应该变成一束光，为别人照亮一片天地。哪怕我的光很微弱，微弱如萤火，但只要有一点点亮光，相信对于在黑夜中摸索的人而言，那都是弥足珍贵的。

这本书中选取的几十篇教育随笔，是我在教育教学、学习管理中的所思所想、所悟所感。这些文章，既有我在摸索前行中跌倒，败走麦城的辛酸故事，也有我在探寻中巧遇偶得，捡拾到宝贝的欣喜感言。组织书稿时，我本打算为本书取名为《实践生发的教育智慧》。谚语有云："吃一堑长一智"，我希望别人能从我的经验教训中得到借鉴启示，以便少走一些弯路。

书稿呈报给华东师范大学出版社卢风保老师审阅后，卢老师提出将书名更改为《迷恋专业成长：让教育充满智慧》。卢老师说，不论是学校管理、课堂教学，还是实践反思、历经磨砺，这些都属于教师专业成长的一部分。做老师如果不能全身心投入，不能做到心无旁骛，是不可能产生这么多思考、顿悟的。这是卢老师帮我修改书名的第一个原因。还有一个原因是，2018年，卢老师曾经负责编辑过《教师如何快速成长：专业发展必备的六大素养》一书，他觉得我的这些文章和那本书一脉相承，是姊妹篇。故而建议我将书名改作此。卢风保老师就是给予我加油呐喊声与掌声的朋友，他一次次帮我斟酌题目，就是在引导我前行。

给予我温暖掌声，鼓励我前行的还有何捷老师。何捷老师是当今小语界无人不知无人不晓的一位名师，他不仅课堂教学在全国独树一帜，而且笔耕不辍、著述等身。他不仅有写给教师们看的教育教学论文、论著，还有写给孩子们看的儿童文学。我们相识已经有十多年，平时，知道他忙，我极少打扰他，但每每有要事相烦于他，他总是极为爽快。我的上一本论著，他帮我写过推荐语。这次，出版此书，我希望他帮我写篇序，他二话不说，放下手头要紧事，立即浏览我的书稿，在极短的时间内，帮我写好了序言。看到他给我发来的洋洋洒洒的序言，我甚为感动。他的序言犹如静寂鸟巢体育馆里的那一声"加油"，他这一喊，让困顿、迷茫的我，仿佛吃下了一颗定心丸。

为我加油打气、掌声鼓励的朋友还有许多，如宁波市教育局、高新区教育文体局的领导，如宁波市特级带徒、名校长工作室带徒的伙伴们，如与我一起共事、亲如一家的兄弟姐妹们……就像盲人李端在摸索着点燃主火炬时，鸟巢体育馆里响起的一浪又一浪的加油声。虽然李端无法知道每一位喝彩、鼓掌的朋友，但那一刻的掌声、加油声，他一定会铭记一辈子。我亦如此。

滴水之恩，当涌泉相报。正因如此，我要用微光照亮黑夜，我要用微光回馈给予我温暖的社会。本书所收的十多万字经验之谈，就是我用心、用情、用汗水和心血凝聚成的一点儿微光。我希望它能照亮一点点空间，哪怕只点亮几个人的前进方向，我亦甚为欣慰。第斯多惠说："凡是不能自我发展、自我培养和自我教育的人，也就不能发展、培养和教育别人。"一直以来，我把写作当作自我发展的一种方式。弯路也好，顿悟也罢，我希望这些真诚的文字，有利于比我年轻的教师，让他们少走一点点弯路，多一点点实践知识。当然，坚持写作，也是我对生命隐退的一种抗拒。我在《用写作丰满教育人生》一文中曾说过，每个人都有三条命，其中第三条命叫"精神存在"，这条命存活在他留存于世的文字里，这条命是一个人存活于世最长的。因此，与其说是微光照亮别人，不如说我是在自我续命。坚持写作，让我的灵魂在纸上翩然起舞。每次看到报纸、期刊上登载自己的文章，每次到图书馆、书店看到自己的拙作忝列在书架上，我都特别开心。我知道，我不可能有本领改变别人，但我可以改变自己，从而去影响那些愿意跟着我改变的人。

人大体上都是这样：缺什么，便想要什么。我是一个极其缺乏智慧的人，因此对"智慧"特别渴望。这本书取名叫《迷恋专业成长：让教育充满智慧》，我诚惶诚恐，因为连我自己都紧缺"智慧"，怎么可能给别人"智慧"呢？顶多只能算是自己教育教学、学校管理历程中的一些实践随感而已。恐怕读罢此书，很多人会觉得内容有负书名。我诚恳地接受大家的批评。我相信假以时日，等此书再版时，我一定不断加以完善，力求使内容"实至名归"。

罗树庚

2022 年 3 月 4 日于甬江之滨